SHARON RUDAHL/
PAUL BUHLE/
MICHAEL KLUCKNER

DER BUND

UNRAST

SHARON RUDAHL wurde in Virginia geboren und wuchs in einem jüdischen Vorstadtghetto in Maryland auf. Sie arbeitete für Antikriegs-Untergrundzeitungen in Madison, Wisconsin und San Francisco. Sie war Mitgründerin der Wimmen's Comix und arbeitete später für eine Vielzahl von Underground-Comics, darunter auch ihr Solobuch *Adventures of Crystal Night*. Sie lebt in Los Angeles.

PAUL BUHLE ehemaliger Dozent an der Brown University, ist ein über sechzig Jahre alter Veteran der sozialen Bewegungen. Er ist der Herausgeber eines der ersten »alternativen« Comics von 1969 mit dem Titel *Radical America Komiks*. Er hat eine Reihe von Comics mit Sachtexten veröffentlicht, darunter *Wobblies! A Graphic History*. Er lebt in Providence.

MICHAEL KLUCKNER wuchs im Westen Kanadas auf und arbeitete für alternative Zeitungen als Zeitungscartoonist und Werbegrafiker, bevor er eine lange Karriere als Buchautor und -illustrator begann. Sein jüngstes Buch, *The Rooming House*, ist eine Graphic Novel über das Hippieleben in British Columbia und San Francisco. Er lebt in Vancouver.

DAVID ROSENBERG ist Autor von *Rebel Footprints: A Guide to Uncovering London's Radical History* und ist Mitglied des Redaktionskollektivs der Zeitschrift *Jewish Socialist*.

DER BUND

Eine illustrierte Geschichte jüdischen Arbeiterwiderstands

Geschrieben von
Sharon Rudahl

Herausgegeben von
Paul Buhle

Illustriert von
Michael Kluckner

Übersetzt aus dem Englischen von
Desz Debreceni

UNRAST

Bibliografische Information der Deutschen Bibliothek: Die Deutsche Bibliothek verzeichnet diese Publikation in der Deutschen Nationalbibliografie; detaillierte bibliografische Daten sind im Internet über http://dnb.de abrufbar.

Sharon Rudahl / Paul Buhle / Michael Kluckner:
Der Bund
Eine illustrierte Geschichte jüdischen Arbeiterwiderstands
1. Auflage, Mai 2024
ISBN 978-3-89771-398-7

www.unrast-verlag.de – kontakt@unrast-verlag.de
Mitglied in der assoziation Linker Verlage (aLiVe)

Originally published in English as: *The Bund: A Graphic History of Jewish Labour Resistance*, © Between the Lines, Toronto, 2023
www.btlbooks.com

Umschlag: Unrast Verlag, Münster
Satz: Unrast Verlag, Münster
Druck: Multiprint, Kostinbrod

INHALT

*Allen Dichter*innen, Kämpfer*innen, Sänger*innen und
all den Brüdern und Schwestern im Exil, die es noch geben wird.*

VORWORT
DAVID ROSENBERG

Es ist mir eine große Ehre und ein Vergnügen, das Vorwort für diese bemerkenswerte illustrierte Geschichte beizutragen. Obwohl meine Großeltern aus dem *Ansiedlungsrayon* in Polen und der Ukraine stammen, wo sich ein Großteil dieser Geschichte abspielt, kam ich zum ersten Mal in London, der Stadt, in der ich 1958 geboren wurde, in Kontakt mit dem Bund. Dort lernte ich in den 1980ern Bundist*innen zu ihren Lebzeiten kennen.

Unter ihnen war Majer, ein Schneider und großartiger Jiddisch-Sänger aus Piotrków; Esther, die eine Bund-Schule in Lodz besucht hatte, Auschwitz und Bergen-Belsen überlebt hatte, und nach dem Krieg als Schauspielerin Teil der jiddischen Theaterszene Londons war; ihren älteren Bruder, Perec, der eine aktive Rolle in der Jugendbewegung des Bund* in Lodz eingenommen hatte, Theresienstadt überlebt hatte und sich schließlich seinen Lebensunterhalt damit verdiente, Regenjacken herzustellen – stets nützlich – erst in London und später in Montreal. Ich lernte Leon kennen, ein stämmiger Kerl, einst Teil der *Shtarkeray* (Verteidigungskräfte) des Bund, die regelmäßig Jüdinnen*Juden vor den Angriffen von Antisemit*innen in den 1930ern in Polen beschützten; und Wlodka, die im Alter von elf Jahren zusammen mit ihrer Zwillingsschwester, wenige Wochen vor dem Aufstand über die Mauer des Warschauer Ghettos geschmuggelt wurde und von polnischen Katholik*innen versteckt wurden. Mikhal Klepfisz, ein Bundist, damals Ende zwanzig, wurde in der gleichen Wohnung versteckt gehalten. Er verbrachte seine Zeit damit, improvisierte Waffen zu bauen, um sie zu den Kämpfer*innen im Ghetto zu schmuggeln und brachte Wlodka genau bei, wie er diese zusammensetzte.

Jede*r Einzelne von ihnen verkörperte hautnah die wunderschönen, aufklärerischen und zutiefst menschlichen Werte, wie so viele der jüdischen Persönlichkeiten, jung und alt, die in diesem Buch vorgestellt werden. Der Bund war eine außergewöhnliche Bewegung, dessen wichtigste Eigenschaften und grundlegende Werte – *Mishpokhedikeyt* (Familie) und *Khavershaft* (Freundschaft/Solidarität) – unter den widrigsten Umständen entstanden sind. Vielleicht sind ihre Werte deshalb so tief verankert. Anstatt mit Wut, Neid oder sogar resignierter Teilnahmslosigkeit auf die Widrigkeiten zu reagieren, machte es die Menschen noch entschlossener, *a besere un shenere velt* (eine bessere und schönere Welt) zu schaffen. Und zwar kollektiv und wider den herausfordernden Umständen unter denen sie lebten, arbeiteten und litten.

Der Bund gab den Menschen Hoffnung und entwarf eine Vorstellung davon, wie ein gleichberechtigtes Leben aussehen und sich anfühlen könnte. Auf dem Weg

* Der jiddische Genitiv wurde durchgehend beibehalten. (Anm. d. Verlags)

dorthin, kämpften sie stetig um jeden noch so kleinen Schritt, um ihre Lebensumstände zu verbessern.

Sonst zwar untypisch für eine seriöse und engagierte revolutionäre Bewegung, legten sie sehr großen Wert auf Kultur – dazu zählte nicht nur die jiddische Kultur, welche sie natürlich hochhielten, sondern auch die mannigfaltigen Kulturen aus anderen Teilen der Welt – ihre Kunst, Musik, Literatur und Lehre. Denn der Bund kämpfte nicht nur für eine Welt ohne Grenzen, er setzte sich auch für die Auflösung starrer Grenzen zwischen den Kulturen ein, um gegenseitiges Verstehen und Wertschätzung zu fördern.

Mit einem differenzierten Ansatz bezüglich Multikulturalismus und den Rechten von Minderheiten war der Bund seiner Zeit voraus. Er stand für den gegenseitigen Zugang der Kulturen zueinander ein und kämpfte dafür, dass jede die Mittel dazu hatte, sich frei und im gleichen Maße innerhalb kosmopolitischer, multinationaler Gesellschaften zu entwickeln. Für ihn standen immer die Menschen im Mittelpunkt, nicht die Nationen oder Staaten. In Zeiten, die von nationalistischem Denken sowie starren Hierarchien geprägt waren, bekannte er sich zu einem soliden Antinationalismus und hegte Misstrauen gegenüber überfälligen Hierarchien. Dies war den egalitären Überzeugungen verhaftet, dass jeder Mensch das gleiche Recht darauf hatte, mit Würde behandelt zu werden.

Ich weiß noch, wie ich meinen Freund Majer, den Schneider und Jiddisch-Sänger, gefragt habe was Bundisten wie er wollten, als er jung war; was waren seine Hoffnungen und Ziele. Doch als *getrayer* (getreuer) Bundist fiel es ihm schwer, nur von sich zu sprechen. Alle Antworten begannen mit wir. »Wir wollten die Arbeiter*innen weiterbilden«, erzählte er mir. In einer Gesellschaft, die von Klassenunterschieden geplagt war, strebten sie nicht nach Status. Sie hegten nicht den Wunsch, in die Mittelklasse »aufzusteigen«. Sie wollten Klassenunterschiede und -unterdrückung abschaffen; sie wollten den gleichen Zugang zu Luxus wie die Reichen, ohne ihre Rolle als einfache produktive Arbeiter*innen zu verlieren.

Dieser Egalitarismus zog sich durch jeden Aspekt der Bewegung. Ich habe meine Unterhaltung mit Leon (Mitglied der *Shtarkeray*) über die Beziehung zwischen den Bund-Anführern – Erich und Alter in den später 1930ern in Polen – und Graswurzel-Aktivisten wie ihm aufgezeichnet. »Wir verehrten unsere Anführer nicht. Wir haben sie geliebt, hielten auf Demonstrationen aber nicht ihre Bilder hoch. Einfache Leute aus der Arbeiter*innenklasse schauten zu Erich und Alter auf, aber schauten deswegen nicht auf uns herab. Sie hörten auf uns. In anderen Parteien gab es die Anführer*innen auf der einen Seite und die, die ihnen gefolgt sind auf der anderen.« In nur wenigen Sätzen zeichnete sich ein Bild einer Bewegung ab, deren Mitglieder engagiert und idealistisch und dennoch kritisch waren.

Diese illustrierte Geschichte wird dir noch viele andere Bundist*innen vorstellen. Sie wird dir die dramatischsten Ereignisse zeigen und dich in die Schuhe (oder eher in ein altes, abgetragenes Paar Stiefel) der Menschen stecken, die große Not durchlebten, und dennoch nie den Glauben in sich und ihre Fähigkeit, die Welt zu einem besseren Ort zu machen, verloren haben. Lies es, tauch ganz ein, bewundere die anschaulichen und lebendigen Bilder und solltest du anschließend ganz begeistert und inspiriert sein, was ich sehr hoffe, dann geh raus und verändere die Welt!

KAPITEL EINS
DER BUND, BUNDT KUCHEN*, UND DER DURST NACH GERECHTIGKEIT

AB DEM ENDE DES 15. JHD. WAR ES JÜDINNEN*JUDEN VERBOTEN IN RUSSLAND ZU LEBEN. SEIT HUNDERTEN VON JAHREN WAREN SIE AUF EIN GEBIET ENTLANG DER NORDWESTLICHEN GRENZE DES LANDES VERWIESEN -- DEM JÜDISCHEN ANSIEDLUNGSRAYON.

DAS AUSMAß DER EINSCHRÄNKUNGEN, UNTER DENEN JÜDINNEN*JUDEN LITTEN, WANDELTE SICH VON ZAR ZU ZAR. GENERELL WAR ES IHNEN UNTERSAGT, LAND ZU BESITZEN UND DIE MEISTEN HANDWERKSBERUFE AUSZUÜBEN.

* Bundt Cake: im deutschsprachigen Raum unter Kastenkuchen oder Gugelhupf bekannt.

WENN ANGRENZENDE CHRIST*INNEN UNTER AUSBLEIBENDEN ERNTEN LITTEN ODER SICH UNRUHEN AUFGRUND RUSSISCHER STEUERN ENTWICKELTEN, WURDEN SIE ERMUTIGT, JÜDINNEN*JUDEN ZU BESCHULDIGEN.

DIE GOUVERNEURE SANDTEN KOSAKEN AUS, UM JÜDISCHE DÖRFER ANZUGREIFEN.

NEBEN JÜDINNEN*JUDEN SEHNTEN SICH AUCH ANDERE BEVÖLKERUNGSGRUPPEN DANACH, SICH VOM JOCH DES RUSSISCHEN KAISERREICHS ZU BEFREIEN.

SIE FANDEN ARBEIT JENSEITS DES ANSIEDLUNGSRAYONS, IN POLEN, DEM RUSSISCHEN MARIONETTENSTAAT DES KONGRESSES. SIE KAMEN IN DEN GENUSS DES GROẞSTADTLEBENS, WESTLICHER AUFKLÄRUNG UND NEUER IDEEN, DIE DIE HOFFNUNG AUF VERÄNDERUNG ANTRIEBEN: DEMOKRATIE, ASSIMILATION, NATIONALISMUS, ANARCHISMUS, SOZIALISMUS, ZIONISMUS, MENSCHENRECHTE ...

AUS EINEM STRUDEL RADIKALER IDEEN SCHUFEN JÜDINNEN*JUDEN EINE EINZIGARTIG JÜDISCHE ORGANISATION, UM FÜR IHRE EIGENE BEFREIUNG ZU KÄMPFEN.
BRIDER UN SHVESTER FUN ARBET UN NOYT
ALE VOS ZAYNEN TSEZEYT UN TSESHPREYT,
TSUZAMEN, TSUZAMEN, DI FON IZ GREYT,
ZI FLATERT FUN TSORN, FUN BLUT IZ ZI ROYT!
A SHVUE, A SHVUE, AF LEBN UN TOYT.
DER BUND HISSTE DIE ROTE FAHNE.

* »DI SHVUE« (DER SCHWUR), DIE HYMNE DES BUNDES VON SHLOMO RAPPOPORT, 1902.

WAS IST EIN »BUND«? AUF DEUTSCH UND JIDDISCH BEDEUTET BUND DAS GLEICHE: »VERBINDEN« ODER »BÜNDNIS«.

UND BUNDT CAKE, HAT WIRKLICH WAS MIT DEM WORT »BUND« ZU TUN! ES WAR EIN TRADITIONELLER DEUTSCHER KUCHEN, EINE DER LEIBSPEISEN VON KAISER FRANZ JOSEF.

IN DEN 1950ERN WOLLTE EINE AMERIKANISCHE FIRMA IHRE EIGENE GUGELHUPFFORM PATENTIEREN LASSEN, DOCH AUF DAS EINFACHE WORT »BUND« KONNTEN SIE KEIN URHEBERRECHT BEANSPRUCHEN, ALSO HINGEN SIE EIN »T« AN!

OSTEUROPA WAR NICHT DIE EINZIGE REGION, DIE VOM RUSSISCHEN REICH TYRANNISIERT WURDE.
DIE MENSCHEN IN SIBIRIEN WURDEN VON IHREN TRADITIONELLEN HÜTE- UND JAGDGEBIETEN VERTRIEBEN.
IM KAUKASUS WURDEN MUSLIM*INNEN ERBARMUNGSLOS UNTERDRÜCKT.

SELBST DIE MEISTEN RUSS*INNEN FÜHRTEN EIN KURZES, BRUTALISIERTES LEBEN. OBWOHL DIE LEIBEIGENEN VON DER SKLAVEREI BEFREIT WAREN, LEBTEN SIE UNTER DER KONTROLLE DES ADELS ALS LANDLOSE ARBEITER*INNEN UND UNTERTANEN.

* LEO TOLSTOI, *ANNA KARENINA*, 1878.

KAPITEL ZWEI

PIONIERARBEIT

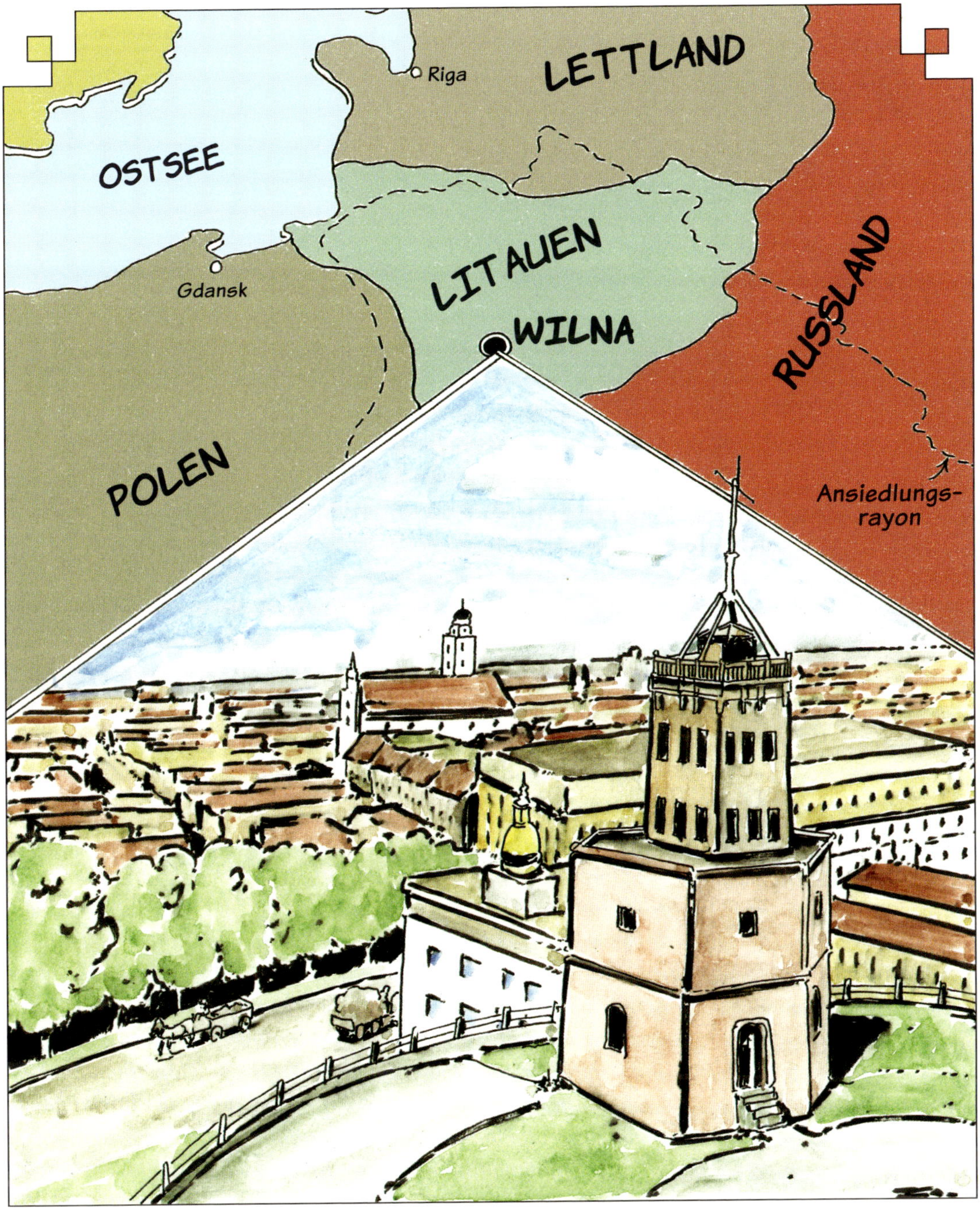

DIE VORREITER DES BUND FANDEN SICH IM WILNA-ZIRKEL ZUSAMMEN, JUNGE JÜDINNEN*JUDEN DIE SÄKULARE RUSSISCHE SCHULEN BESUCHT HATTEN.

»ZIRKEL« WAREN GEHEIME DISKUSSIONS- UND LESEGRUPPEN, IN DENEN SICH DIE RADIKALEN TRAFEN.
PATI KREMER
AKTIVE BUND ORGANISATORIN, AUF BILDUNGS-PROGRAMME SPEZIALISIERT.
ARKADY KREMER
IHR ZUKÜNFTIGER MANN, »VATER DES BUNDS«. ANFÜHRER DER JÜDISCHEN ARBEITER-BEWEGUNG.
JOHN MILL
SYMPATHISANT DES POLNISCHEN NATIONALISMUS. SETZTE SEINE ARBEIT IN DEN USA FORT.
MIKHAIL LIBER
SOHN EINES KAUFMANNS, WAR SCHON MAL INHAFTIERT WEGEN UNRUHESTIFTUNG IN DER SCHULE.

VLADIMIR KOSOVSKY
WICHTIGER AUTOR UND REDAKTEUR DES BUNDS.
ANNA HELLER
AKTIV IN DER KULTURARBEIT. 1905 AUS DEM EXIL ENTLASSEN.
IULII MARTOV
ZUKÜNFTIGER MENSCHEWIKI-ANFÜHRER.
NOAH PORTNOY
TEIL DES BUND-ZENTRAL-KOMITEES NACH AMNESTIE 1905.
ISIAH IZENSHTAT
HAUPTREDAKTEUR DER BUND ZEITSCHRIFT ARBEITERSTIMME, GEGNER DES BOLSCHEWISMUS.

JOHN MILL SCHRIEB ÜBER DIE JUNGE PATI KREMER: »AUßENSTEHENDE ERKANNTEN VIELLEICHT NUR EIN SORGENFREIES MÄDCHEN, EINEN FLATTERNDERNDEN SCHMETTERLING ... IN WAHRHEIT WAR SIE UNERMÜDLICH, STETS MIT WICHTIGER ARBEIT FÜR DIE PARTEI BESCHÄFTIGT.«

ALS JUNGES MÄDCHEN WAR PATI ZUTIEFST VON DEN SCHRECKLICHEN ARBEITSBEDINGUNGEN BERÜHRT, DENEN EINFACHE JÜDISCHE ARBEITER*INNEN AUSGESETZT WAREN -- KINDERARBEIT, SECHZEHN-STUNDEN-TAGE, GEFÄHRLICHE MASCHINEN, LOHNRAUB UND MISSBRAUCH.

MIT FÜNFZEHN FING SIE AN, JUNGE TEXTILARBEITERINNEN ZU UNTERRICHTEN.

PATI STUDIERTE IN ST. PETERSBURG ZAHNMEDIZIN UM ANSCHLIEẞEND IN WILNA ZU PRAKTIZIEREN. DIE PRAXIS WURDE ZUM GEHEIMEN TREFFPUNKT FÜR JÜDISCHE SOZIALIST*INNEN.

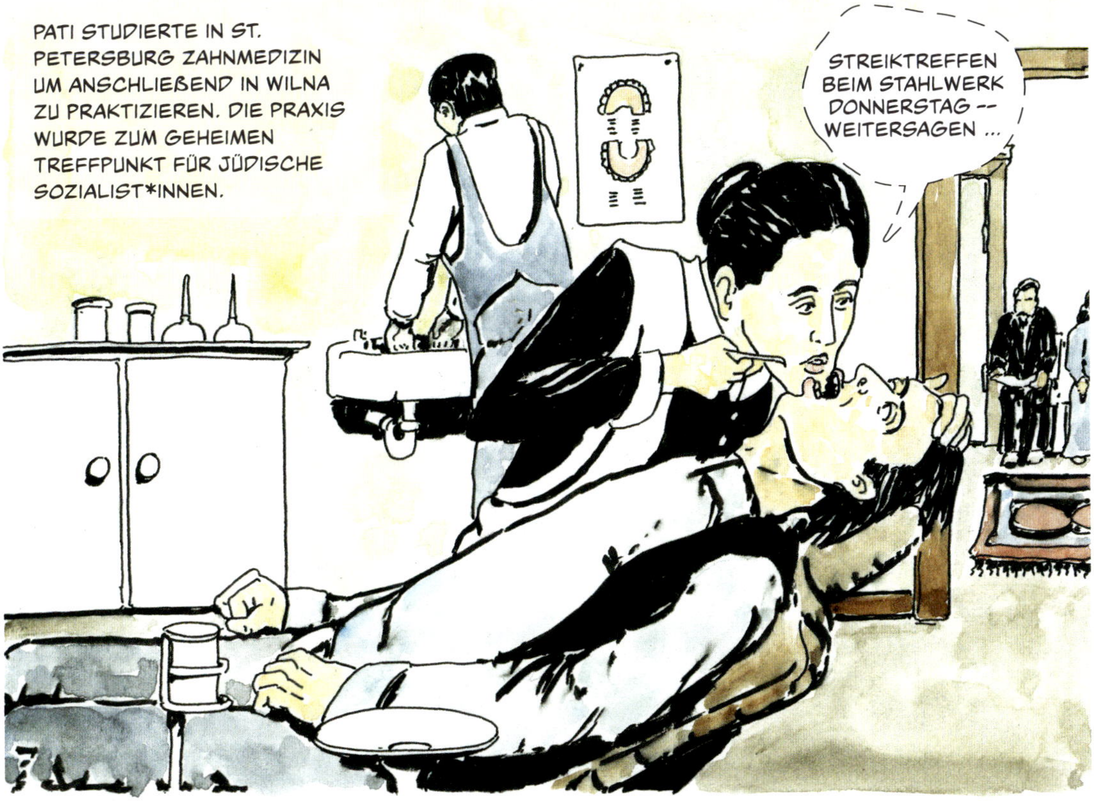

DIE WILNA-GRUPPE VERNETZTE JÜDINNEN*JUDEN AUS DER MITTELKLASSE MIT FABRIKARBEITER*INNEN. PATI LEHRTE LESEN UND SCHREIBEN UND VERTEILTE MARXISTISCHE LITERATUR. 1889 WURDE SIE MIT 22 JAHREN ZUM ERSTEN MAL VERHAFTET.

PATI WURDE FREIGELASSEN UND KEHRTE UNTER POLIZEILICHER BEGLEITUNG NACH WILNA ZURÜCK.

EHEMALIGER RADIKALER UND WILNA-ZIRKEL-MITGLIED S.V. ZUBATOV WAR NUN SPITZEL UND OBERHAUPT DER MOSKAUER POLIZEI.

ER LIEß EINEN BUNDISTEN BESCHATTEN, WODURCH DIE KREMERS UND ANDERE PIONIER*INNEN DEN AGENTEN DES ZARS AUFFIELEN.

NUR ZEHN MONATE NACH DEM GRÜNDUNGSTREFFEN WURDEN ALLE DREI BUNDMITGLIEDER DES ZENTRALKOMITEES VERHAFTET. PATI KREMER WURDE DES LANDES VERBANNT UND NACH BELARUS GEBRACHT. DIE GEHEIME DRUCKEREI WURDE ZERSTÖRT.

ZUBATOVS BEFRAGUNGEN LIEFEN ALLE INS LEERE. ALLE GEFANGENEN BEWIESEN GROßE DISZIPLIN.

»DIE JÜDISCHE BEWEGUNG ERWECKTE DEN EINDRUCK EINER MÄCHTIGEN, NAHEZU UNANFECHTBAREN KRAFT.«
VLADIMIR KOSOVSKY

IN DEN ANFANGSJAHREN GING DER BUND MIT ZWEI PARTEIEN EIN BESONDERS NAHES BÜNDNIS EIN, DER POLNISCHEN SOZIALISTISCHEN PARTEI (PPS) UND DER SOZIALDEMOKRATISCHEN ARBEITERPARTEI RUSSLANDS (SDAPR).

NACH DEN VERHAFTUNGEN HALFEN PPS-MITGLIEDER DABEI, BUND PROJEKTE AM LAUFEN ZU HALTEN, BIS IHRE ANFÜHRER*INNEN FREIGELASSEN WURDEN ODER ENTKOMMEN KONNTEN.

ANDERE STIEGEN AUS DEN REIHEN AUF -- DIE SCHNEIDERIN MARYA ZHADLUSKY ...

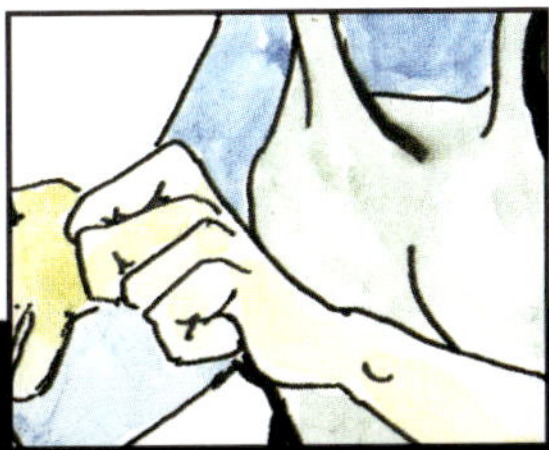

DIE SOZIALIST*INNEN DER PPS UND DER BUND WAREN SICH BEI FAST ALLEM EINIG -- ***AUßER***, DASS DIE PPS DARAUF BESTAND, DASS DAS VORDERSTE ZIEL DER REVOLUTION DIE UNABHÄNGIGKEIT POLENS SEIN MUSSTE.

BEGRÜNDET VON NACHFAHR*INNEN DES POLNISCHEN ADELS, TEILTE DIE PPS EINE NATIONALE SCHWÄCHE FÜR GLORREICHE, JEDOCH ZUM SCHEITERN VERURTEILTE AUFSTÄNDE. IHRE HEIMAT WURDE VON ÖSTERREICH, PREUßEN, UND RUSSLAND ZERSTÜCKELT, POLNISCHE PATRIOT*INNEN LEHNTEN SICH AUF UND WURDEN JEDES MAL NIEDERGESCHLAGEN -- 1794, 1830, 1846, 1848 UND 1863.

DIE PPS WAR DAVON ÜBERZEUGT, DASS DIE »JÜDISCHE FRAGE« GELÖST WERDEN KONNTE, IN DEM SICH JÜDINNEN*JUDEN ASSIMILIERTEN UND ALS POL*INNEN IDENTIFIZIERTEN. DOCH ALS ANTISEMITISCHE SCHLÄGER BUNDIST*INNEN ANGRIFFEN, KAMEN IHNEN DIE STRAßENKÄMPFER DER PPS ZUR RETTUNG.

NEBEN DER PPS SCHLOSS SICH DER BUND HÄUFIG DER SDAPR ZUM TAG DER ARBEIT, FÜR KUNDGEBUNGEN, STREIKS UND DEMOS AN. EINE FÖDERATION, DIE VON GEMÄẞIGTEN SOZIALDEMOKRAT*INNEN BIS ZU RADIKALEN MARXIST*INNEN REICHTE.

WIE ES ZU DEN NAMEN BOLSCHEWIKI UND MENSCHEWIKI KAM!

»MENSCHEWIKI« STAMMT ***NICHT*** VOM JIDDISCHEN WORT »MENSCH«."

»MENSCH« IST JIDDISCH FÜR EINE AUFRICHTIGE, EINFÜHLSAME PERSON.

BEIM ZWEITEN PARTEITAG DER SDAPR 1903, SORGTE DER TAKTISCH BRILLANTE LENIN DAFÜR, DASS DIE FORDERUNG DES BUNDS, DIE ALLEINIGE VERTRETUNG DER JÜDISCHEN ARBEITER*INNEN ZU SEIN, AN ERSTER STELLE DER TAGESORDNUNG STAND.

ER WUSSTE, DASS ES ABGELEHNT WERDEN WÜRDE, WORAUFHIN DIE BUNDIST*INNEN DEN SAAL VERLASSEN WÜRDEN.

AUF RUSSISCH HEIẞT »BOLSCHEWIK« MEHRHEIT UND »MENSCHEWIK« MINDERHEIT.

MIT DEM WEGFALL DER BUND-STIMMEN WURDEN DIE GEMÄẞIGTEN ZUR MENSCHEWIKI-MINDERHEIT UND LENINS BOLSCHEWIKI-HARDLINER GEWANNEN DIE MEHRHEIT.

KAPITEL DREI

DIE MUTTERSPRACHE

DER BUND WAR DIE EINZIGE PARTEI, DIE JIDDISCH ALS JÜDISCHE SPRACHE BEFÜRWORTETE. DER DRUCK UND VERTRIEB JIDDISCHER PUBLIKATIONEN, JIDDISCHE VERÖFFENTLICHUNGEN AUS DEM AUSLAND SCHMUGGELN, UND FLYER UND FLUGBLÄTTER AUF JIDDISCH ERSTELLEN, GEHÖRTEN ZU DEN GRUNDLEGENDEN ANLIEGEN DES BUND.

DURCH DIE FÖRDERUNG JIDDISCHER LITERATUR, LYRIK UND THEATERSTÜCKE, STELLTE DER BUND EINE VERBINDUNG ZWISCHEN KÜNSTLER*INNEN UND PUBLIKUM HER, UM EINE STOLZE, SELBSTBEWUSSTE JÜDISCHE KULTUR ZU SCHAFFEN.

* GEDICHT VON BUNDIST ABRAHAM REISEN, 1876-1953.

EINE ABGEGRIFFENE AUSGABE VON I.L. PERETZ *JÜDISCHE GESCHICHTEN* KURSIERTE HEIMLICH IM BERÜCHTIGTEN ZITADELLEN-GEFÄNGNIS DES ZARS, EINZELNE BUCHSTABEN UNTERSTRICHEN, UM NACHRICHTEN ZWISCHEN POLITISCHEN GEFANGENEN ZU VERSCHLÜSSELN.

HERZL
NACHDEM 1896 THEODOR HERZLS *DER JUDENSTAAT* VERÖFFENTLICH WURDE, GEWANN ZIONISMUS UND HEBRÄISCH ALS JÜDISCHE SPRACHE GROßEN ZUSPRUCH.
HALT DIE VORHÄNGE GESCHLOSSEN, DIE BAUERN SIND AUF ÄRGER AUS …
JUDEN WERDEN NUR SICHER SEIN, MIT IHREM EIGENEN LAND!
UNSERE GELOBTE HEIMAT, IM LAND ISRAEL …

WIR BESINNEN UNS UNSERER ALTEN SPRACHE -- **HEBRÄISCH**!
HEBRÄISCH NUTZT WEDER ZUM SCHERZEN, NOCH, UM DEN EHEMANN ZU SCHIMPFEN. NEIN DANKE, ICH BLEIBE BEI JIDDISCH!

JIDDISCH IST VULGÄRER STRAßENJARGON, GEMACHT FÜR KRIMINELLE UND ABSCHAUM ...

BUNDISMUS UND ZIONISMUS WAREN ZWEI JÜDISCHE ANTWORTEN AUF DIE REVOLUTIONÄREN STRÖMUNGEN, DIE SICH IM 19. JHD. DURCH EUROPA ZOGEN.

DENNOCH GABEN BUNDIST*INNEN IHRE MUTTERSPRACHE, DAS LAND, IN DEM SIE SEIT JAHRHUNDERTEN GELEBT HATTEN, IHR KAMPF FÜR BÜRGER*INNENRECHTE, ODER IHRE VIELFÄLTIGE UND EINZIGARTIGE KULTUR, DIE UNTER DER UNTERDRÜCKUNG ENTSTANDEN WAR, NICHT AUF.

»ZIONISMUS KANN NICHT FÜR ALLE JÜDISCHEN MENSCHEN DIE LÖSUNG SEIN ... WIR ENTSTAMMEN DER DIASPORA. UND DIE DIASPORA IST UNSER SCHLACHTFELD. WIR LAUFEN NICHT VOM SCHLACHTFELD DAVON.«
-- I. L. PERETZ

AUCH OHNE DEN BUND HÄTTE ES UNVERGESSLICHE JIDDISCHE GEDICHTE, GESCHICHTEN, LIEDER UND THEATERSTÜCKE GEGEBEN. ABER DER BUND NAHM EINE VERMITTELNDE UND FÖRDERNDE ROLLE FÜR AUFSTREBENDE AUTOR*INNEN UND SCHAUSPIELER*INNEN EIN, DIE AUF JIDDISCH SCHRIEBEN UND AUFTRATEN. ER ORGANISIERTE GRUPPEN FÜR CHÖRE, ORCHESTER, THEATER UND VOLKSTANZ.

JÜDINNEN*JUDEN, DIE NACH ÜBERSEE FLOHEN, UM DEN UMBRÜCHEN IM ANSIEDLUNGSRAYON ZU ENTKOMMEN, UNTERSTÜTZTEN WEITERHIN DEN BUND UND WIRKTEN DARAN MIT. JIDDISCHES THEATER, VERÖFFENTLICHUNGEN UND ERSTE FILME AUF JIDDISCH WAREN IN GROßEN STÄDTEN WIE NEW YORK SEHR ERFOLGREICH.

NEBEN JIDDISCH UND HEBRÄISCH GIBT ES NOCH EINE ***DRITTE*** JÜDISCHE SPRACHE: LADINO. SIE BASIERT AUF SPANISCH, SO WIE JIDDISCH AUF DEUTSCH BASIERT. SIE WURDE ZUR ALLGEMEINEN SPRACHE IN GEBIETEN IN DIE JÜDINNEN*JUDEN NACH DER RECONQUISTA 1492 -- DIE VERTREIBUNG VON JÜDINNEN*JUDEN UND MUSLIM*INNEN AUS RELATIV HARMONISCHEN ZUSTÄNDEN IM MITTELALTERLICHEN SPANIEN - IMMIGRIERTEN.

HAND DER MIRIAM --
JÜDINNEN*JUDEN

HAND DER FATIMA --
MUSLIM*INNEN

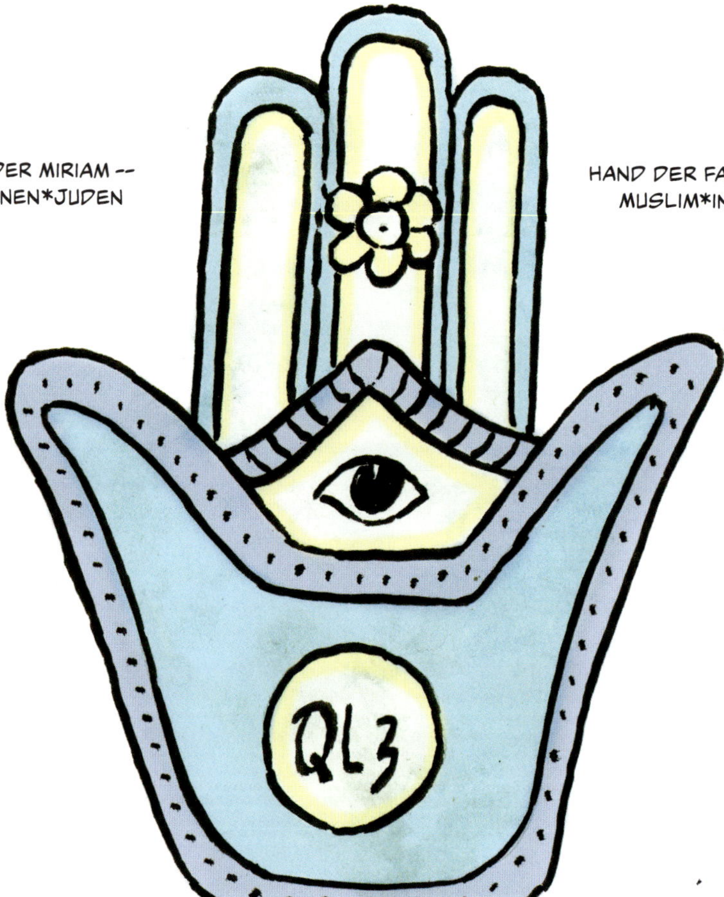

EIN SCHUTZSYMBOL DES ANTIKEN
MITTELMEERRAUMS.

KAPITEL VIER
GESCHEITERTE REVOLUTION

1900 KEHRTE LENIN AUS DEM SIBIRISCHEN EXIL ZURÜCK. BUND PIONIER*INNEN PATI UND ALEKSANDER KREMER, VLADIMIR KOSSOSKY UND ABRAM MUTNIK WURDEN AUS DEM GEFÄNGNIS ENTLASSEN UND LIEßEN SICH IN DER SCHWEIZ NIEDER. NOAH PORTNOY FLIEH AUS SIBIRIEN, ERREICHTE BIAŁYSTOK UND WURDE ZU EINEM DER ANFÜHRER DES BUND.

DAS RUSSISCHE REICH DES FRÜHEN 20. JHD. WAR VON SCHWERER NOT UND SICH AUSBREITENDEN UNRUHEN GEZEICHNET. IM ZUGE DER INDUSTRIALISIERUNG VERHÄRTETEN SICH DIE KLASSENUNTERSCHIEDE.

KLEINE GESCHÄFTE MUSSTEN SCHLIESSEN, TRADITIONELLE BERUFSZWEIGE VERSCHWANDEN, ARBEITSLOSIGKEIT STIEG RAPIDE AN.

BEREITS 1901 GAB ES 1,2 MILLIONEN LANDLOSE LANDARBEITER*INNEN.

ALS IM GANZEN RUSSISCHEN REICH PROTESTE AUSBRACHEN, WURDEN KOSAKEN UND MILITÄRPOLIZEI ZUR UNTERSTÜTZUNG DER LOKALEN KRÄFTE EINGESETZT.

DER BUND ZOG TAUSENDE NEUE MITGLIEDER AN. ABER DIE ÜBLICHEN STREIKS UND BOYKOTTAUFRUFE WAREN UNWIRKSAM, DA ARBEITER*INNEN VERZWEIFELT WAREN UND DIE CHEFS AM LÄNGEREN HEBEL SAßEN.

LENINS ZEITUNG *ISKRA* (DER FUNKE) RIEF ZU GEWALTSAMEN AKTIONEN AUF.

ALS DER GOUVERNEUR *VON WAHL* SICH ZUR FEIER DER BESEITIGUNG VON DISSIDENTEN EINER ZIRKUSPARADE ANSCHLOSS, ZOG BUNDIST HIRSH LECKERT BLITZSCHNELL EINEN REVOLVER UND DRÜCKTE ZWEI MAL AB.

HIRSH LECKERT WURDE ZUM VOLKSHELDEN, EIN MILITANTER JUDE, DER IN GEDICHTEN, THEATERSTÜCKEN UND LIEDERN GEFEIERT WURDE.

DENNOCH SPRACHEN SICH DIE BUND-VERSAMMLUNGEN IMMER WIEDER GEGEN TERROR AUS -- GEGEN BOMBENANSCHLÄGE, ATTENTATE ODER SABOTAGE ALS POLITISCHE TAKTIK.

BUND-IDEALE SETZTEN JEDOCH KEINE PASSIVE UNTERWERFUNG VORAUS. BUNDIST*INNEN ORGANISIERTEN BEWAFFNETE SELBSTWEHRGRUPPEN, UM SICH VOR ANTISEMITISCHEN ANGRIFFEN ZU WAPPNEN.

ZALMAN SHAZAR, DRITTER PRÄSIDENT ISRAELS BESCHREIBT EINEN KAMPF IN SEINER HEIMATSTADT STOLBZY:

DER ALTE ERZFEIND DES BUND, DER ÜBERLÄUFER ZUBATOV, WARB FÜR EINE ERFUNDENE PROGRESSIVE PARTEI, DIE »UNABHÄNGIGEN«, DIE AN DIE JÜDISCHEN ARBEITER*INNEN GERICHTET WAR.

ABER DER SCHWINDEL KONNTE GEGENÜBER DEM BUND NIE FUẞ FASSEN UND GERIET BALD IN VERGESSENHEIT.

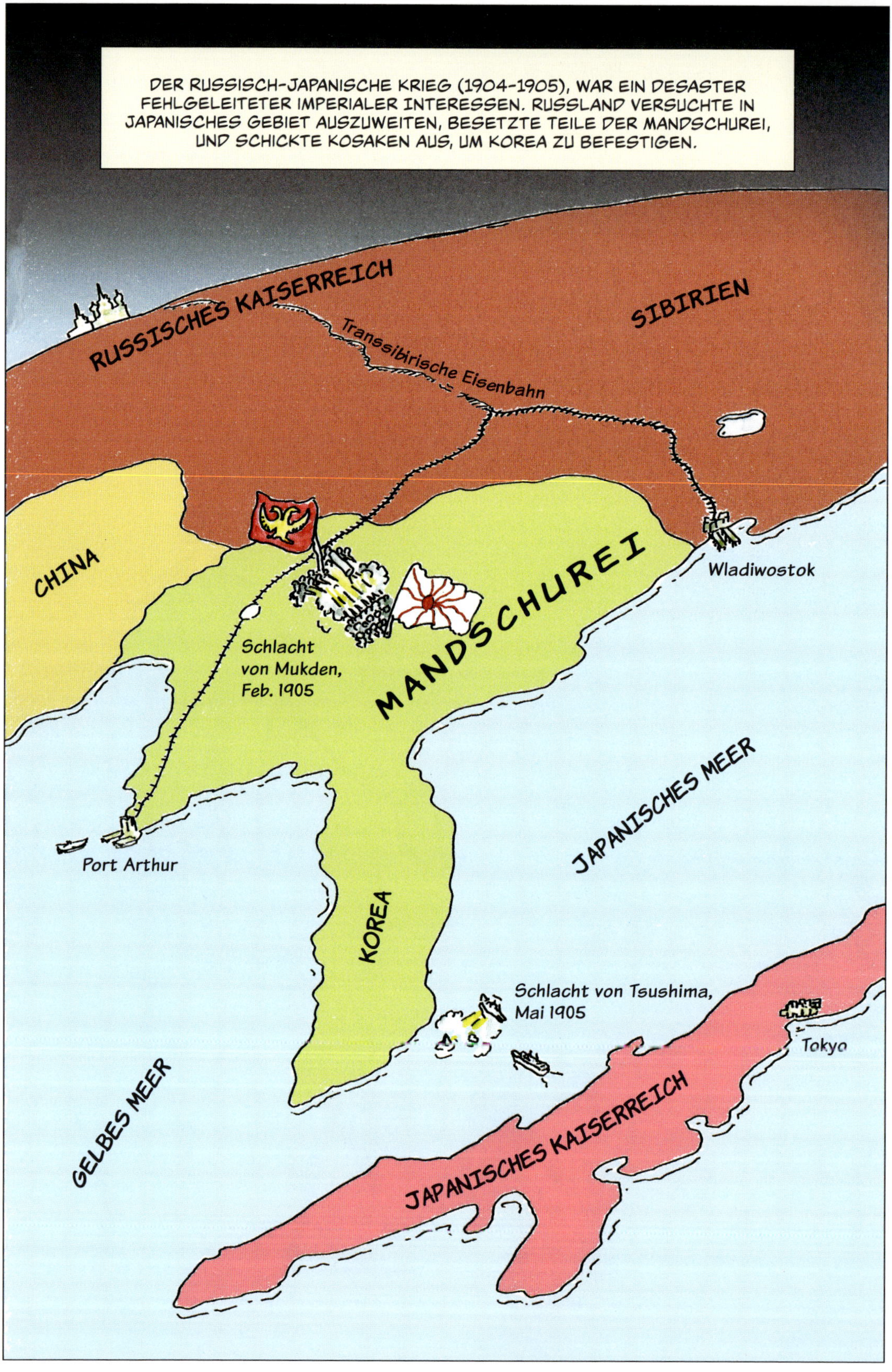

DER RUSSISCH-JAPANISCHE KRIEG (1904-1905), WAR EIN DESASTER FEHLGELEITETER IMPERIALER INTERESSEN. RUSSLAND VERSUCHTE IN JAPANISCHES GEBIET AUSZUWEITEN, BESETZTE TEILE DER MANDSCHUREI, UND SCHICKTE KOSAKEN AUS, UM KOREA ZU BEFESTIGEN.
RUSSISCHES KAISERREICH
SIBIRIEN
Transsibirische Eisenbahn
CHINA
MANDSCHUREI
Wladiwostok
Schlacht von Mukden, Feb. 1905
Port Arthur
JAPANISCHES MEER
KOREA
Schlacht von Tsushima, Mai 1905
Tokyo
GELBES MEER
JAPANISCHES KAISERREICH

DA RUSSLAND NICHT MIT JAPANS ERSTKLASSIGEM MILITÄR RECHNETE, ERLITT ES EINE VERHEERENDE NIEDERLAGE. SEINE BALTISCHE FLOTTE WURDE IM JAPANISCHEN MEER VERNICHTET.

NACH NICHT MAL EINEM JAHR ERGAB SICH DIE RUSSISCHE ARMEE VOR PORT ARTHUR.

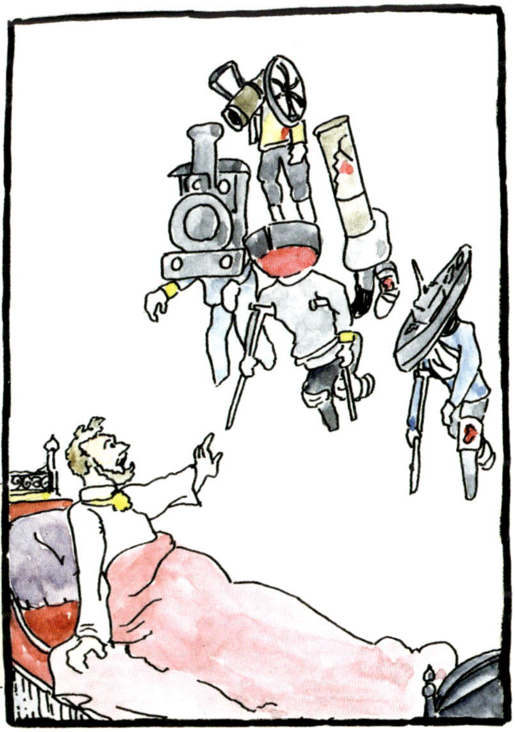

KOBAYASHI KIYOCHIKAS PROPAGANDA-HOLZSCHNITTDRUCK ZEIGT EINEN ALBTRAUM VON ZAR NICHOLAS II, IN DEM SEIN ZOMBIE-MILITÄR HEIMKEHRT.

KNAPPHEIT UND INFLATION TRUGEN ZUM ELEND BEI, DIE WUT GEGEN DEN KRIEG LÖSTE RIESIGE DEMONSTRATIONEN AUS. DIE SICH BEDROHT FÜHLENDE REGIERUNG VERANLASSTE POGROME, DIE IMMER GEWALTTÄTIGER WURDEN, INSBESONDERE IN KISCHINJOW UND ODESSA, IN DER EINE STATUE VON KATHARINA DER GROẞEN AUF DEM HAUPTPLATZ STAND.

BAUERN UND BÄUERINNEN UND ARBEITER*INNEN WURDEN WIE ÜBLICH DAZU ANGEHALTEN DIE GLEICHEN OPFER ZU BESCHULDIGEN.

DIE BÜRGERWEHR DER SCHWARZEN HUNDERT FÜHRTE KLU-KLUX-KLAN-ÄHNLICHE ANGRIFFE AUF JÜDISCHE DÖRFER DURCH.

EIN EXODUS VON MILLIONEN VON JÜDINNEN*JUDEN FLÜCHTETE ÜBER DAS NÄCHSTE JAHRZEHNT AUS RUSSLAND.

JÜDINNEN*JUDEN, DIE NICHT FLIEHEN KONNTEN -- ODER WOLLTEN -- SCHLOSSEN SICH IN SCHAREN DEM BUND AN, MIT EINEM FOKUS AUF SELBSTVERTEIDIGUNG UND DER VORBEREITUNG AUF DIE REVOLUTION. IN DER JUGENDORGANISATION DES BUND HATTEN KINDER AB ZEHN JAHREN AUFGABEN, WIE FLUGBLÄTTER AUSTEILEN.

MIT DEM AUFTAKT ZUR REVOLUTION 1905 VERZEICHNETE DER BUND DIE MEISTEN MITGLIEDER UND GRÖßTEN EINFLUSS. DIE POLIZEI BESCHULDIGTE DIE SOZIALIST*INNEN AN DEN POGROMEN UND VERHAFTETE TAUSENDE VON BUNDIST*INNEN.

VON ORTHODOXEN PRIESTERN ANGEFÜHRT, MARSCHIERTEN FABRIKARBEITER*INNEN IN ST. PETERSBURG FRIEDLICH RICHTUNG WINTERPALAST, UM IHRE BESCHWERDEN VORZUBRINGEN.

SUNDAY
WACHEN ERÖFFNETEN
DAS FEUER.

AM NÄCHSTEN TAG STREIKTEN IN RUSSLAND 400.000 ARBEITER*INNEN. DIE RUSSISCHE SOZIALDEMOKRATISCHE ARBEITERPARTEI STELLTE FORDERUNGEN AUF.

DER BUND SCHMUGGELTE WAFFEN, BRACHTE STREIKENDEN MAHLZEITEN UND SCHWATZTE REICHEN JÜDINNEN*JUDEN AUF HOCHZEITEN UND BAR MITZWAS GROẞZÜGIGE SPENDEN AB …

OKTOBER 1905 -- DIE 6. INTERNATIONALE BUND-KONFERENZ IN ZÜRICH WURDE PLÖTZLICH ABGEBROCHEN, ALS ARKADY KREMER EIN TELEGRAMM ERHIELT.

17. OKTOBER -- EIN REGIERUNGSMANIFEST RÄUMT DER RUSSISCHEN BEVÖLKERUNG UMFASSENDE RECHTE EIN, DARUNTER PRESSE-, REDE- UND VERSAMMLUNGSFREIHEIT.

ZAR NICHOLAS BERIEF DIE DUMA EIN, EIN KONGRESS MIT BEGRENZTEN BEFUGNISSEN. DIE ERSTE DUMA WÄHLTE EINE KOALITIONSREGIERUNG, ZU DER AUCH 12 JUDEN GEHÖRTEN, UNTER DER LEITUNG DES REFORMISTEN ALEXANDER KERENSKY.

WENIGE ZEIT SPÄTER WURDEN DIE ZULASSUNGEN WIEDER ZURÜCKGENOMMEN. NACH DREI MONATEN WURDE DIE ERSTE DUMA DURCH DEN PREMIERMINISTER DES ZAREN WIEDER AUFGELÖST.

DIE VERORDNUNG DES 5. MÄRZ 1906 STELLTE DIE MACHT DER AUTOKRATISCHEN REGIERUNG WIEDER HER.

WÄHREND DER ZWEITEN UND DRITTEN DUMA

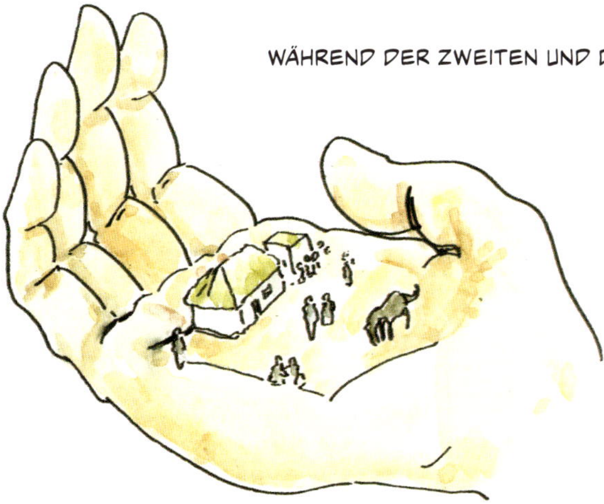

LOCKERTEN WEDER STREIKS, BAUERNAUFSTÄNDE

NOCH DER KRONSTÄDTER MATROSENAUFSTAND

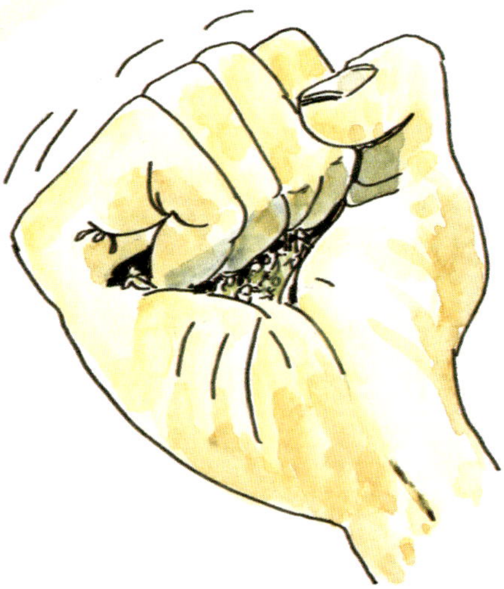

DEN FESTEN GRIFF DER ZAREN-MINISTER.

DIE KERENSKY-REGIERUNG VON 1905–1917 WAR DER WEIMARER REPUBLIK EIN JAHRZEHNT SPÄTER NICHT UNÄHNLICH, EIN INSTABILER UNTERGRUND AUS ZERFALLENDEN, HALBHERZIGEN MAẞNAHMEN, AUF DENEN DIE GESELLSCHAFT KURZ VERWEILTE, BEVOR SIE SICH EINEM TIEFGREIFENDEN WANDEL UNTERZOG.

KAPITEL FÜNF
DAS ENDE VON ST. PETERSBURG

1910 LEGTEN DIE JÜDISCHEN MITGLIEDER DER DRITTEN DUMA, N. FRIEDMAN UND L. NISSELOVICH EINEN GESETZENTWURF VOR, UM DEN JÜDISCHEN ANSIEDLUNGSRAYON ABZUSCHAFFEN. DIE KONSERVATIVEN DER DUMA LEHNTEN AB.

DIE RECHTSEXTREME ANTWORTETE MIT IHREM EIGENEN GESETZESENTWURF.

IN DEN JAHREN, IN DENEN ENTTÄUSCHUNG ÜBER KERENSKYS REGIERUNG HERRSCHTE, VERLOR DER BUND DRASTISCH AN MITGLIEDERN UND GELDERN.

DIE ZIONISTISCHE LINKE UND LENINS BOLSCHEWIKI KONKURRIERTEN UM DIE STIMMEN DER JÜDISCHEN ARBEITER*INNEN.

VERTRETER*INNEN DER REGIERUNG LIEßEN DIE ZWEI TAGESZEITUNGEN DES BUND SCHLIEßEN UND DIE REDAKTEUR*INNEN VERHAFTEN.

UM SICH IHREN UNTERHALT ZU VERDIENEN, ARBEITETEN EHEMALIGE BUND-MITGLIEDER ALS LEHRKRÄFTE, JOURNALIST*INNEN, ÜBERSETZER*INNEN, MUSIKER*INNEN ...

πr^2

BUND BILDUNGSARBEITER*INNEN ETABLIERTEN DIE UNIVERSITÄT FÜR ALLE -- DIE EINZIGE HOCHSCHULE IN RUSSLAND, DIE ALLEN NATIONALITÄTEN UND KONFESSIONEN GLEICHBERECHTIGTE ZULASSUNG ERMÖGLICHTE.

KULTURVEREINE, THEATERGRUPPEN UND ABENDSCHULEN FÜR ARBEITER*INNEN DES BUND WAREN MANCHMAL VORWAND FÜR POLITISCHE ARBEIT.

BEAMTE FÜHRTEN EINE RAZZIA BEIM MUSIKVEREIN *HARFE* DURCH UND VERHAFTETEN 80 MITGLIEDER.

DURCH DIE UNTERSTÜTZUNG DES BUND VERSAMMELTE DIE CZERNOWITZER KONFERENZ FÜR JÜDISCHE SPRACHE JIDDISCHIST*INNEN AUS DEM GESAMTEN POLITISCHEN SPEKTRUM, U.A. SHOLEM ASCH, ESTER FRUMKIN UND I.L. PERETZ.

DIE ERSTE ANTHOLOGIE JIDDISCHER LITERATUR WURDE 1913 VERÖFFENTLICHT.

IN DEBATTEN ZWISCHEN PROGRESSIVEN PARTEIEN NAHM DER BUND OFT DIE SEITE DER MENSCHEWIKI EIN, ZU GUNSTEN PARLAMENTARISCHER MACHT STATT ALLEINIGER FÜHRUNG DER PARTEI, LEGALEN GEWERKSCHAFTEN UND EINEM STUFENWEISEN ÜBERGANG ZUM SOZIALISMUS.

DER ERSTE WELTKRIEG WURDE AUF DIE RIVALITÄT ZWISCHEN ENG VERWANDTEN EUROPÄISCHEN KÖNIGSHÄUSERN ZURÜCKGEFÜHRT.

VON JULI 1914 BIS NOVEMBER 1918 ZOG GNADENLOSES MORDEN NEUE LINIEN AUF DER LANDKARTE, HINTERLIEß MINDESTENS 15 MILLIONEN TODESOPFER UND STELLTE DIE WEICHEN FÜR DIE ABGRÜNDE DES ZWEITEN WELTKRIEGS.

VOM RUSSISCH-JAPANISCHEN KRIEG UND DEN ANHALTENDEN UNRUHEN IM INLAND GESCHWÄCHT, KÄMPFTE DIE RUSSISCHE REGIERUNG AN ZWEI FRONTEN.

DIE ARMEEN DER MITTELMÄCHTE UND DIE EIGENE BEVÖLKERUNG.

IM SOMMER 1915 STRÖMTEN JÜDISCHE KRIEGSGEFLÜCHTETE AUS KRIEGSGEBIETEN INS RUSSISCHE INLAND. DIE REGIERUNG SAH SICH GEZWUNGEN, AUFENTHALT ZU GEWÄHREN, BIS AUF MOSKAU UND ST. PETERSBURG. WOMIT DAS JAHRHUNDERTEALTE ANSIEDLUNGSRAYON-GHETTO PRAKTISCH EIN ENDE FAND.

DIE DÜRFTIG BEWAFFNETEN UND SCHLECHT ERNÄHRTEN RUSSISCHEN SOLDATEN ZOGEN SICH NACH UNZÄHLIGEN NIEDERLAGEN ZURÜCK. RASPUTIN HIELT ZAR NICHOLAS II DAZU AN, DIE DUMA ZU STÜRZEN UND SEINE MINISTER ZU ENTLASSEN.

RUSSISCHE SOLDATEN DESERTIERTEN UND SCHLOSSEN SICH BROT-AUFSTÄNDEN IN DER HAUPTSTADT AN.

AM 15. MÄRZ 1917 DANKT ZAR NICHOLAS II. AB.

EINE PROVISORISCHE REGIERUNG TEILTE SICH DIE HERRSCHAFT MIT DER PETROGRADER SOWJET, DIE VERTRETUNG DER ARBEITERDEPUTIERTEN.

BUND-WAHLPLAKAT FÜR BETRIEBSRATDELEGIERTE

LENIN KEHRT AUS DEM SCHWEIZERISCHEN EXIL ZURÜCK.

AM 7. NOVEMBER 1917 ERGRIFFEN DIE BOLSCHEWIKI DIE MACHT.

AUS DEN RUINEN DES RUSSISCHEN REICHS TRAT DIE SOWJETUNION HERVOR.

DER BUND TEILTE SICH AUF VERSCHIEDENE GEBIETE AUF. EIGENSTÄNDIGE BUND-ORGANISATIONEN IN POLEN, DER UKRAINE UND LITAUEN, SOWIE UNTERSTÜTZER*INNEN DER DIASPORA SETZTEN SICH WEITERHIN FÜR JÜDISCHE ZIELE EIN.

IM EHEMALIGEN RUSSISCHEN ANSIEDLUNGSRAYON WAR DER BUND BIS IN DIE FRÜHEN 1920ER WEITERHIN AKTIV, BIS ER SCHLUSSENDLICH UNTER DEM DRUCK DER SOWJETS ALS OFFIZIELLE PARTEI VERSCHWAND.

KAPITEL SECHS
WEITER VORAN

OBWOHL ES DEN BUND IN DER SOWJETUNION ALS POLITISCHE PARTEI NICHT MEHR LÄNGER GAB, WIDERSETZTEN SICH ANDERE BUND-ANHÄNGER*INNEN IN OSTEUROPA DEM ZUNEHMENDEN ANTISEMITISMUS.

DER POLNISCHE BUND RIEF 1936 ZU EINEM GENERALSTREIK AUF, UM GEGEN EIN VERHEERENDES POGROM IN PRZYTYK ZU PROTESTIEREN UND 1937 GEGEN DIE SEGREGATION JÜDISCHER STUDIERENDER.

IN POLEN WURDE IN WENIGEN STÄDTEN BUND-KANDIDAT*INNEN IN DEN STADTRAT GEWÄHLT. DER BUND RICHTETE JÜDISCHE SCHULEN, KULTURGESELLSCHAFTEN UND GESUNDHEITSZENTREN FÜR BEDÜRFTIGE JÜDISCHE KINDER EIN.

NACHDEM ZWEI WICHTIGE BUND-ANFÜHRER NAMENS HENRYK ERLICH UND VISTOR ALTER BESCHULDIGT WURDEN NAZISPITZEL ZU SEIN, WURDE ALTER VON SOWJET AGENTEN UMGEBRACHT UND ERLICH VERÜBTE SELBSTMORD IM GEFÄNGNIS.

MIT DEM NÄHERRÜCKEN DER FASCHISTEN KAM DEM BUND SEINE BEREITS GESAMMELTEN ERFAHRUNGEN, IM UNTERGRUND ZU AGIEREN, ZUGUTE.

BUND-KURIERE HALFEN JÜDINNEN*JUDEN AUSZUBRECHEN UND ÜBERMITTELTEN NACHRICHTEN, GELD UND GEFÄLSCHTE PAPIERE. SIE SCHMUGGELTEN WAFFEN FÜR WIDERSTANDSKÄMPFER*INNEN IN WALD-LAGER.

BERNHARD GOLDSTEIN WAR EIN BUND-HELD WÄHREND DER NAZIBESETZUNG. ER TRAT DEM BUND 1905 MIT 17 JAHREN BEI, ALS ER ZUFÄLLIG AUF EIN MITTERNÄCHTLICHES TREFFEN IN DER NÄHE SEINES DORFES STIEß.

DIE GARDE DES ZARS HATTE DAS TREFFEN STILL UMZINGELT UND PLÖTZLICH ANGEGRIFFEN.

DIE BUNDIST*INNEN HAKTEN SICH BEIEINANDER EIN UND SANGEN LIEDER DER REVOLUTION.

DIE SOLDATEN GRIFFEN AN. ACHTZIG MENSCHEN WURDEN GETÖTET ODER VERWUNDET. VON EINEM SÄBELSCHLAG VERLETZT, ENTKAM BERNARD MIT DER BUND-FLAGGE VERSTECKT UNTER SEINEM MANTEL.

BERNARD GOLDSTEIN WURDE ZU EINEM FURCHTLOSEN UNRUHESTIFTER, STREIKANFÜHRER UND ENTFESSELUNGSKÜNSTLER. ER NUTZTE SEINE VERBINDUNGEN IN DIE UNTERWELT DER MAFIA, DER DIEB*INNEN UND MESSERKÄMPFER*INNEN.

1917 WURDE GOLDSTEIN MIT ANDEREN POLITISCHEN GEFANGENEN NACH SIBIRIEN VERBANNT.

BERNARD UND SEINE GENOSSEN ÜBERFIELEN DIE WACHEN, NAHMEN DEN POSTEN IN BESCHLAG UND HISSTEN DIE ROTE FLAGGE.

ALS DER ÖRTLICHE BEAMTE EINTRAF, UM DIE KONTROLLE ZU ÜBERNEHMEN, BEFAHL GOLDSTEIN, IHN AN EINEN BAUM ZU BINDEN.
DOCH DER MANN WAR SOLCH EIN ERBÄRMLICHER FEIGLING, DASS BERNARD SICH WEIGERTE, IHN ZU ERSCHIEẞEN.

WÄHREND DES ZWEITEN WELTKRIEGS ORGANISIERTE ER DEN JÜDISCHEN UNTERGRUND IN POLEN MIT. ER GAB SICH ALS POLNISCHER CHRIST AUS, UM WICHTIGE LEBENSMITTEL UND MEDIKAMENTE IN DAS WARSCHAUER GHETTO ZU SCHMUGGELN.

ALS DIE LETZTEN FLAMMEN NACH DEM AUFSTAND DES WARSCHAUER GHETTO ERLOSCHEN, KONNTE BERNARD ZUSAMMEN MIT WENIGEN ANDEREN DURCH DIE KANALISATION ENTKOMMEN.

AUF UNGLAUBLICHE WEISE ENTKAM ER SOWOHL DEN NAZI- ALS AUCH DEN SOWJETAGENTEN UND VERBRACHTE EINEN FRIEDLICHEN LEBENSABEND IN DEN VEREINIGTEN STAATEN.

UND PATI KREMER? DIE CHARMANTE MEDIZINSTUDENTIN AUS WILNA, STETS MIT GANZEM HERZEN GEGEN DIE UNGERECHTIGKEIT. SIE WURDE ZU EINER DER DREIZEHN BUND-PIONIER*INNEN.

NACH ZAHLREICHEN VERHAFTUNGEN FLIEHEN PATI UND IHR MANN ARKADY INS AUSLAND. SIE REISTEN NACH ENGLAND, IN DIE USA UND IN DIE SCHWEIZ.
1908 LIEßEN SIE SICH IN FRANKREICH NIEDER, WO ARKADY ALS INGENIEUR ARBEIT FAND.

1921 KEHRTEN DIE KREMERS NACH WILNA, LITAUEN ZURÜCK.
ARKADY WURDE ZUM VORSITZENDEN DES ÖRTLICHEN BUND.
PATI ARBEITE ALS LEKTORIN IN EINEM BUND-VERLAG.

ALS DEUTSCHLAND LITAUEN BESETZTE, WAR PATI EINE DER HAUPTVERANTWORTLICHEN IN DER ERHALTUNG JÜDISCHER KULTUR. SIE STELLTE EINE BIBLIOTHEK JÜDISCHER LITERATUR ZUSAMMEN, GAB LESUNGEN AUF JIDDISCH UND VERANSTALTETE GEHEIME BUND-TREFFEN.

ALS NAZIS IM SEPTEMBER 1943 DAS GHETTO WILNA VOLLKOMMEN ZERSTÖRTEN, BEFAND SICH PATI UNTER DEN UNZÄHLIGEN MENSCHEN, DIE ZUSAMMENGETRIEBEN WURDEN, UM VERNICHTET ZU WERDEN.

AUGENZEUG*INNEN BERICHTEN, WIE PATI DIE FRAUEN WÄHREND DES TRANSPORTS IN DAS VERNICHTUNGSLAGER SOBIBOR BEIM SINGEN DER BUND-HYMNE ANFÜHRTE.

DIESER ABSCHNITT JÜDISCHER KULTUR, DEN DER BUND AUSGEMACHT UND AUFGEBAUT HAT -- SÄKULAR, MENSCHLICH, AKTIVISTISCH -- WURDE NICHT VERNICHTET. ER ÜBERLEBTE IN ANDERER FORM ÜBER KONTINENTE HINWEG UND KAM ZUM AUSDRUCK IN DER ARBEIT JÜDISCHER AUTOR*INNEN, RICHTER*INNEN, KÜNSTLER*INNEN, SCHAUSPIELER*INNEN, POLITISCHER ANFÜHRER*INNEN UND UNRUHESTIFTER*INNEN.
»ICH RAFFE MICH WIEDER AUF UND SCHREITE WEITER VORAN.«
JIDDISCHER BUND-LYRIKER H. LEVICK, 1888-1962.

PORTRAITS EINFLUSSREICHER BUNDISTEN

MOISHE (MICHAEL) LEWIS (1888-1950)

Moishe Lewis wurde im mehrheitlich jüdischen Shtetl Svisloch geboren, welches im heutigen Belarus liegt. Das Dorf versorgte die umliegenden Bauernhöfe, aber war auch Nährboden für seine ganz eigene ideologische Strömung für jene, die sich von religiöser Praxis abwandten. Aktiv in der Lederarbeiter-Gewerkschaft und im Entstehungsprozess des Bund, beriet er sich zusammen mit anderen Einwohner*innen über die folgenreiche Wahl zwischen sozialistischem Zionismus – die Vorstellung von Massenmigration nach Palästina – und dem eindeutig säkularen Bund, der sich bemühte, sich für jüdische Arbeiter*innen an Ort und Stelle einzusetzen. Moishe entschied sich für den Bund.

Das Dorf war während des Großteils des Ersten Weltkriegs von den Deutschen besetzt. Russland geriet ins Schwanken, der Zarismus brach zusammen und 1917 ergriffen die Bolschewiki die Macht. Die Rote Armee übernahm Svisloch und bereitete sich darauf vor, die nationalistischen, antisemitischen polnischen Heerscharen zu bekämpfen, die bald ankamen, entschlossen, die Rote Flut zurückzudrängen und das Gebiet für ihren eigenen neuen Staat einzunehmen. Die Bolschewiki hielten tagelange Versammlungen ab, um durch Reden und Lieder Bundist*innen zu rekrutieren, von denen viele bereits seit langem an der Seite der Menschewiki standen. Moishe wurde für kurze Zeit verhaftet, da er sich direkt der Menschewiki bekannte. Die polnische Armee, verbündet mit der anti-kommunistischen und extrem antisemitischen russischen »Weißen Armee«, nahm Svisloch ein, klagte Dorfbewohner*innen an, kommunistische Spion*innen zu sein und führte 1920 etliche Exekutionen durch. Zwischen feindlichen Streitkräften gefangen, floh Moishe 1921 nach Kanada, gefolgt von seiner Familie, sobald er für die Überfahrt bezahlen konnte.

Als geschickter Organisator inmitten des aufgeladenen Umfelds von Montreals belebter jüdischer Arbeiterklasse, nahm Moishe (umbenannt in Michael) schon bald eine führende Rolle im *Arbeter Ring* ein. Später führte er außerdem das *Jewish Labour Committee* an, welches sich besonders für Geflüchtete nach dem Zweiten Weltkrieg stark machte. Nach Lewis' Tod, benannte sich Montreals *Arbeter Ring* in das *Michael Lewis Chapter* um. Ein Vierteljahrhundert später gründete das *Canadian Jewish Labour Committee* die *Moishe Lewis Foundation*.

Die Familie hat über Generationen hinweg politischen Einfluss in Kanada ausgeübt. Moishes Sohn, David Lewis (geboren Dud Lusz), elf Jahre alt als die Familie emigrierte, wurde Anwalt für Arbeitsrecht. Er erlangte als sozialdemokratischer Politiker und wichtiger Berater bei der Gründung der *Co-operative Commonwealth Federation* (CCF) im Jahr 1936 große Bekanntheit. Als die CCF 1961 zur *New Democratic Party* wurde (NDP), wirkte er in einer Führungsposition mit. Drei von Davids Kindern, Michael, Janet und Stephen, waren aktive Mitglieder der NDP Ontario. Stephen Lewis, der im Alter von 25 in die Legislative der Provinz Ontario gewählt wurde, wurde später Botschafter Kanadas bei den Vereinten Nationen und gründete die *Stephen Lewis Foundation* zur Bekämpfung von AIDS in Subsahara-Afrika. Michaels Enkel, Avi Lewis, setzt die geschichtsträchtige Familientradition politischen Engagements und Aktivismus' zusammen mit seiner Frau, Naomi Klein, fort.

CHARNEY VLADEK (1886–1938)

Als Organisationstalent und geschickter Politiker vereinte Vladek viele Elemente der Geschichte der jüdischen Linken. Im Alter von 52 starb er an einem Herzinfarkt. Er wandelte sich vom revolutionären Agitator im Ansiedlungsrayon zum sozialdemokratischen Giganten in New Deal Manhattan.

Vladek wuchs im heutigen Belarus in der Nähe von Minsk auf. In einer Familie von Chassiden wuchs er mit zwei älteren Brüdern auf, die innerhalb der jiddischen Kultur genauso berühmt wurden wie er: der bekannte Literaturkritiker Shmuel Niger und der weniger bekannte Dichter Daniel Charney. Um die Jahrhundertwende trat Vladek noch als Teenager dem Bund bei und änderte seinen Namen zum Schutz seiner Familie in »Charney«. Als bekennender Revolutionär fand er sich 1904 nach einer Anklage, einen radikalen Lesezirkel zu leiten, hinter Gittern wieder.

Nach einem achtmonatigen Gefängnisaufenthalt musste er sich schon kurz darauf wieder vor Gericht wegen politisch-motivierter Straftaten verteidigen. Nur durch die Amnestie nach der gescheiterten Revolution von 1905 blieb ihm die Verbannung nach Sibirien erspart. 1908 wanderte Vladek Richtung Ellis Island in die USA aus.

Einige von Vladeks »1905er«-Zeitgenossen brachten ihre Vergangenheit und wiederbelebte Begeisterung für Jiddischkeit durch ihr politisches Engagement und Studium der amerikanischen Geschichte in Einklang. Aber nur wenige bauten das gleiche politische Ansehen auf. Sein weiteres Wirken in der US-amerikanischen Öffentlichkeit lässt sich am ehesten mit dem von Louis B. Boudin (Budinov) vergleichen, dessen sozialistische politische und intellektuelle Leistungen vor 1920 schließlich in der Niederschrift einer mehrbändigen Chronik des Obersten Gerichtshofs der USA gipfelten. Vladek schlug einen anderen Weg ein. Zunächst entschied er sich für den Journalismus und das Zeitungswesen in der jiddischen Welt. Als er 1912 Mitarbeiter von Abraham Cahans *Forverts* (Jewish Daily Forward) wurde, als dessen Auflage gerade zur größten in der jiddischen Welt avancierte, übernahm er die Leitung der Zeitung in Philadelphia. Im Jahr 1918 kehrte er nach New York zurück und übernahm die gleiche Führungsposition in der Heimatredaktion, die im höchsten Gebäude der Lower East Side untergebracht war. Damit war er gewissermaßen zur rechten Hand des einflussreichen Cahan geworden. Die glorreichen Jahre der Zeitung, von der Politik bis zur Kultur im goldenen Zeitalter des jiddischen Theaters, zeigten sich in Vladeks eigenem Erfolg. Das Gleiche gilt für die allmähliche Wendung der *Forverts* von links nach Mitte-links. Als entschiedener Gegner der jüdischen Kommunist*innen spielte er in der Öffentlichkeit eine bedeutende Rolle bei der allmählichen Akzeptanz des New Deal als die wahre Bestimmung des jüdisch-amerikanischen Sozialismus.

Vladeks Karriere in der Politik spiegelte diese Entwicklungen wider. Mit den sich wechselnden Strömungen und der Gründung der *American Labor Party* im Jahr 1936 (die sowohl von den Kommunisten als auch von den Sozialdemokraten unterstützt wurde) erlangte er seinen Sitz im neu organisierten New Yorker Stadtrat zurück. Dort spielte Vladek, der bereits mit Bürgermeister Fiorello La Guardia zusammenarbeitete, eine wichtige Rolle bei der Schaffung von Sozialwohnungen für die arme Bevölkerung.

Durch Vladeks Wirken im *Jewish Labour Committee* (JLC) zeigt sich auch die Komplexität der Minderheiten- und Gewerkschaftspolitik. Gegründet im Jahr 1933, hielt das JLC einen großen Kongress, bei dem Vladek den Vorsitz führte. Die extrem konservative Führung der *American Federation of Labour* war bis dato vehement gegen Immigration eingestellt und setzte sich seit den 1890er Jahren massiv für den Ausschluss von Einwander*innen ein. Für Vladek stellte es einen großen persönlichen und politischen Triumph dar, sie davon zu überzeugen, einen Boykott gegen deutsche Waren zu unterstützen.

New Yorks jüngere Generationen wunderten sich zweifellos über die »Vladek Houses« der Wohnungsbaugenossenschaft in der Lower East Side und über den Stadtteil »Vladek Park«. Ältere hingehen hatten seine Person lebhaft in Erinnerung. Sein Tod 1938 zog eine öffentliche Trauerfeier von Hunderttausenden nach sich, in einer Zeit und einem Viertel, in dem auch das Ableben anderer Persönlichkeiten, vom Dichter Morris Winchevsky bis zum Schauspieler John Garfield, im Zuge großer öffentlicher Ereignisse erinnert wurde. Die *Amalgamated Housing Cooperative* in der Bronx betreibt noch immer eine »Vladek Hall« für öffentliche Veranstaltungen.

PESACH (PAUL) NOVICK (1891–1989)

Ich wurde 1891 in Brest-Litowsk geboren.
Es war eine jiddische Stadt, nur die Reichen sprachen Russisch,
aber die Rabbiner waren im ganzen Rayon bekannt.
Mein Vater besaß einen erbärmlichen kleinen Laden.
Es gab die Hoffnung, dass ich den Weg als Rabbi einschlage.
In der Jeschiwa kannte ich bereits alle Texte.
Ich verzog mich auf die Felder
um Bücher auf Hebräisch zu lesen.
Ich stoß auf eine Jiddische Zeitung – sie war gegen den Zaren.
Ich entdeckte einen geheimen Gesprächskreis im Wald.
Mit fünfzehn war ich beim Bund und Marxist.
Ich wollte schreiben, also verfasste ich für meine Freunde eine Satire
und einen Brief an eine Jiddische Zeitung. So fing es an.
1907 arbeitete ich in einer Zigarettenspitzen-Fabrik.
Ich machte mich ganz gut.
In Gedanken war ich schon längst in Warschau,
also machte ich mich auf aber fand keine Arbeit.

In einer kleinen Stadt unweit der Heimat, wieder am Arbeiten.

In unserer kleinen Gruppe lasen wir Jiddisch und sangen Lieder bis spät in die Nacht.

Der Russische Militärdienst zog mich ein ... und ich entschied mich für Amerika.

Schon bald arbeitete ich in einer Regenmantelfabrik,

klebte sie zusammen.

Ich schrieb einen empörten Brief an den *Yiddisher Socialist*,

und sie stellten mich ein!

Dann ging es zur *Di Neie Velt*. Ich wurde Chefredakteur

und besuchte Kurse an der Columbia.

In New York erfuhr ich von der neuen *Morgn Frayhayt*.

Moysse Olgin stellte mich ein, ich konnte nicht anders.

Olgin hatte einen Doktortitel in Russischer Literatur.

So einen gab es in der Jüdischen Linken nicht.

Von allen Jiddischen Zeitungen, war unsere am literarischsten.

Wir ließen keine amerikanisierten Wörter zu.

Zu der Zeitung gehörte das Arbeiter-Theater,

beeindruckend, und die Arbeiter-Chöre.

Wir hatten kein Geld, aber wir waren jung, talentiert und revolutionär.

Dumm, wie wir waren, befürworteten wir alles, was die Russen machten.

Nach 60 Jahren blickte ich zurück und dachte mir:

Hätte ich wieder die Wahl zwischen den Kommunisten und dem Bund,

würde mir die Entscheidung nicht schwerfallen.

Aber ich würde mich nicht für die Kommunisten entscheiden.

ANMERKUNG DES HERAUSGEBERS:

Diesen lyrischen Kommentar von Pesach (Paul) Novick habe ich aus mehreren Interviews zusammengestellt, die ich mit ihm in den frühen 1980ern im Büro der *Frayhayt* geführt habe. Die letzten paar Zeilen, seine gedankliche Rückkehr an den Bund und seine Jugend und was es für ihn im hohen Alter bedeutet, überraschten mich sehr. Pesach war klug und charmant – er schrieb wunderschöne Jiddische Prosa, bis die Zeitung ihren Dienst einstellte – wahrscheinlich sprach er darüber mit einem Zwinkern. Wir werden es nie erfahren.

NACHWORT
PAUL BUHLE

Gegenwärtig stößt der Jüdische Arbeiterbund auf wachsendes Interesse unter jungen Aktivist*innen und Wissenschaftler*innen Jüdischen Lebens. Menschen, die sowohl Generationen als auch ganze Kontinente vom historischen Höhepunkt um 1900 bis 1940 der Organisation entfernt sind. Wie kommt es dazu?

Eine junge jüdische Feministin* schreibt in 2022 über ihre »Sehnsucht, etwas anzugehören, etwas in Ehren zu halten, auf [ihre] Herkunft Anspruch zu erheben und dafür einzustehen« oder Verbindungen die durch »Blut, Ritual und Politik Form angenommen haben.« Sie schreibt: »Ich habe das letzte Jahr damit verbracht, staubige Bücher über eine Organisation ausfindig zu machen, mit der meines Wissens niemand meiner direkten Verwandtschaft etwas zu tun hatte.« Ihre Entdeckung über die bloße Existenz einer Organisation, die »zutiefst von einer diasporischen *Doykeit* (Hiersein) überzeugt war« gab ihr ein Gefühl »von unerklärlicher Zugehörigkeit«. Viele andere linke junge Jüdinnen*Juden haben eine Geschichte linken jüdischen Aktivismus für sich wiederentdeckt, der nie ganz zum Mainstream jüdischer Kultur in Nordamerika gehörte aber auch nie weit davon entfernt war. Für ihre Generation, egal ob Akademiker*innen oder Aktivist*innen, eröffnet der Bund »ein aktivistisches Ideal, das einen nachhaltigen und umfassenden Eindruck macht, vielleicht sogar ein nützlicher Entwurf für jetzige Befreiungsbewegungen darstellt.« Ein entscheidendes Detail, in unserer geplagten Welt, findet sich für sie in der Notwendigkeit wieder, in gegenwärtigen Kämpfen »präsent« zu sein und die Aufgabe aller, auf der ganzen Welt für Gerechtigkeit zu kämpfen.

Sie hat das, was dem Comic zugrunde liegt gut eingefangen. Der Bund existiert gleichzeitig in einem ganz bestimmten geschichtlichen Rahmen als auch außerhalb davon. Die Globalisierung hat Millionen von Menschen, die oftmals in Not oder verfolgt waren, in eine Diaspora gezwungen, fast immer weit entfernt von ihrem Geburtsort. Die Erinnerung an den Bund erzeugt intensive Gefühle aufgrund seines einzigartigen jüdisch-jiddischen Selbstverständnisses.

Dieser letzte Punkt verlangt besondere Aufmerksamkeit. Warum haben sich die Bundist*innen an der Jiddischen Sprache und Kultur orientiert, obwohl sie damit konfrontiert waren, sich an die Mehrheitskulturen anzupassen oder aber Hebräisch zu übernehmen, die heilige Sprache des Judaismus, und die einhergehende zionistische Vision?

Das Auftreten des Bunds Anfang des zwanzigsten Jahrhunderts, wie der Comic so anschaulich zeigt, kam nach Generationen von Unruhen in Osteuropa und steigender

---

* Shelby Handler. »Activist Ancestors: Reaching Towards the Jewish Labor Bund's Strategies for Cultural Organizing.« The Stroum Center for Jewish Studies, University of Washington, 2022. http://www.jewishstudies.washington.edu.

Gefahren als auch neuen Handlungsmöglichkeiten für Jüdinnen*Juden. Die wirtschaftliche Verelendung der *Shtetls*, oder jüdischer Dörfer, die schnell wachsende jüdische Bevölkerung sowie der Anstieg der neuen Gewerbe und Industrien, war bekannterweise dafür verantwortlich, dass eine große Anzahl von Menschen nach außen getrieben wurde, in die Städte und die ganze Welt. Es führte auch zu immer größeren Schwierigkeiten für diejenigen, die zurückblieben.

Unterdessen hatten religiöse Jüdinnen*Juden, die noch immer in den isolierten, halb-ländlichen Ghetto-Gemeinschaften lebten, sich seit Generationen gegen die modernistisch-jüdische »Aufklärung« (auch bekannt als Haskalah) gewehrt. Die Maskilim der bürgerlichen Elite waren darauf aus, Licht in die, ihrer Meinung nach, kulturelle Dunkelheit, zu bringen. Sie verachteten Jiddisch, eine Sprache und Kultur die sie am besten geeignet für niedere Bedienstete hielten. Wider dieser Anfechtungen, hatte der Großteil gewöhnlicher Jüdinnen*Juden in den Dörfern Jiddisch in ihrem Lebensmittelpunkt erhalten. Ihnen schlossen sich sozusagen eine neue säkulare Generation von Journalist*innen, Akademiker*innen und kulturellen und politischen Aktivist*innen an, die am Ende des Jahrhunderts dafür plädierten, dass Jiddisch – die Sprache der jüdischen Arbeiter*innen – auch die richtige Sprache für ihren Sozialismus war, eine neue »Religion«, die in ganz Europa zutage trat. Bei weitem nicht alle *Yiddishkayt*-Anhänger*innen waren Sozialist*innen, jedoch spielten sozialistische Einstellungen eine wichtige Rolle in der Entstehung einer literarischen und politischen *Yiddishkayt* als Sprache und Kultur.

Welche Rolle spielte *Yiddishkayt* in dem komplexen und oft gegnerischen Gefüge von Bund-Sozialist*innen, Bolschewiken (einschließlich jüdischer Bolschewiken) und Anarchist*innen (einschließlich jüdischer) in den heftigen Konflikten der 1910er Jahre? Dies betrifft vor allem die Geschichte der Ukraine, dem Zentrum der am besten organisierten und bewaffneten anarchistischen Bewegung dieser Zeit, die wohl die letzte ihrer Art bis zum Spanischen Bürgerkrieg war.

Politisch festigte die Gründung des Bunds politischen und wirtschaftlichen Widerstand von Jüdinnen*Juden gegen zunehmende Gewalt und Unterdrückung. Kulturell vermittelte es eine Besonderheit über sich stetig verändernde Grenzen hinweg, einer bestimmten Kultur, so alt wie der gemeine Gebrauch von Jiddisch selbst, der bis ins 13. Jahrhundert zurückreicht. Um 1900 fand sich Jiddische Kultur und die sozialistische Jiddische Bewegung auch an Orten wie Palästina wieder (dort bestanden Hebräist*innen auf die Überlegenheit ihrer eigenen linguistischen Entscheidungen), als auch Brasilien und Argentinien, wo Buenos Aires eine besondere Rolle als Zentrum der Bewegung einnahm. Was später als »Hiersein« bezeichnet wurde, hatte sich bereits in alle Himmelsrichtungen verstreut. Mit diesem Gefühl der Nähe, über tausende von Kilometern hinweg - eine visionäre, sozialistische Nähe - konnte der Zionismus (geschweige denn Hebraismus anstatt Jiddisch) nicht verglichen werden. Diese sich verbreitende Kultur fand sich auch in Kanada und den Vereinten Staaten wieder, wo die kleine Diaspora der 1870er und 80er völlig überlaufen wurde von den neueren Einwander*innen, die nach 1890 kamen. 1923 hielten einschränkende Einwanderungsgesetze in den USA den Zufluss auf. Ironischerweise führten die Veränderungen in den Staaten in den 1920ern dazu, dass Jiddische Kultur an Orten wie Montreal und Winnipeg aufblühte. Leider waren jüdische

Einwander*innen um 1930 auch in Kanada nicht mehr willkommen, was dazu führte, dass eine Großzahl an Menschen die Flucht aus Europa unmöglich gemacht wurde. Die diasporische Dringlichkeit ab 1890 Osteuropa zu entkommen, wurde von der Bedrohung um Leib und Leben aber auch der wirtschaftlichen Not und politischen Unterdrückung vorangetrieben. Der »Sog« – wirtschaftlicher Chancen, besonders in den USA und Kanada – erwies sich als besonders stark. Vor allem in der Textilbranche, gewollt oder ungewollt, entstanden tausende neue Jobs. Überwiegend unterbezahlt und zu schrecklichen Arbeitsbedingungen, ermöglichten diese Jobs einen Rettungsanker und versprachen Anschluss.

Durch die Beschäftigungsmöglichkeiten kam es zu einem raschen Wachstum und neuen Möglichkeiten für kleine und mittelgroße Unternehmen und es entstand ein Publikum für jiddische Kultur. Die neuen Ghettos, am bekanntesten in der Lower East Side von New York (aber auch in Torontos Third Ward und später in Kensington, in Winnipegs North End und in Montreals Mile End), wurden zu kulturellen Zentren und zu einem Lebens- und Arbeitsmittelpunkt. In den 1890er Jahren begann sich die ausgeprägte jiddische Kultur, die in New York florierte, auch in Kanada zu entwickeln. Mit einer jüdischen Bevölkerung, die allein in Manhattan bis 1920 auf über eine Million anwuchs, schien die Zukunft dieser Kultur gesichert zu sein.

Stichwort »*Arbeter Ring*« (AR, oder auch *Workmen's Circle*), eine politische, geschwisterliche, und kulturelle Struktur an einem Ort. Nach deutsch-amerikanischem Vorbild und zeitgleich mit den Bemühungen anderer ethnischer Minderheiten, bot der AR Krankheitsgeld an (oder auch Bestattungskosten), was für die Generationen vor der Einführung einer Sozialversicherung besonders wichtig war. Außerdem gab es ein großes kulturelles Angebot für jüdische Arbeiter*innen. Für die Entstehung der nordamerikanischen sozialistischen Bewegung nach 1890 haben diese Treffpunkte kultureller Begegnung bei weitem keine unbedeutende Rolle gespielt.

Die meisten Jüdinnen*Juden wurden nie zu Sozialist*innen. Doch die Bedeutung sozialistischer und anarchistischer Bestrebungen und die Ballung jüdischer Communitys in Großstädten wie New York - in der Regel auch Sitz linker Parteien und ihrer Publikationen - machten sie zu einem entscheidenden Bestandteil der Linken und teilweise der Arbeiterbewegung, die unter der Wirtschaftskrise der 1890er Jahre litten.

Bund-Veteran*innen konnte man an jedem dieser Orte begegnen. Der Geist des Bund, seine Politik und sein Engagement für das Jiddische, zeigte sich besonders dann, als diejenigen, die in Osteuropa bereits durch die sozialistische Bewegung und ihre Ideen vorbereitet waren, in Führungspositionen in den Bereichen Arbeit, Lehre und Kultur agierten. Dort nahmen sie oftmals eine zentrale Rolle in Nordamerikas Arbeiterbewegung ein. Die Macht des kollektiven Gedächtnisses gab den Aktivist*innen eine maßgebend globale Sichtweise auf das jüdische Leben und seine Aussichten. Der Bund als eigenständige Organisation konnte keine Schlüsselrolle einnehmen, da seine Ziele in Gewerkschaften, dem AR und der sozialistischen Bewegung selbst besser verwirklicht werden konnten.

Ein bestimmter Generationswechsel oder Widerspruch, der die Institutionen auf unvorhergesehene Weise prägte, hob dieses Vermächtnis nochmals hervor. Jüdinnen*Juden, die während der 1880er Fuß fassten, zukünftige Branchenriesen wie

Abraham Cahan, der zum Redakteur der Tageszeitung *Forverts* werden sollte, die weitreichendste jiddische Zeitung der Welt, hatten sich auf eine produktive Assimilierung von Jüdinnen*Juden und ihrer Kultur als Teil einer größeren sozialistischen Gesellschaft eingestellt. Viele von Cahans Weggefährten im Jiddischen Journalismus, übernahmen nur widerwillig Jiddisch, da sie Russisch oder andere europäische Sprachen gelernt hatten. Jedoch hätten sie sonst nicht die große Mehrheit der schlecht gebildeten Jüdinnen*Juden erreichen können, die ab der 1890er und dem kommenden Jahrzehnt eintrafen.

Diese scheinbar vorübergehende Sprache und Kultur besaßen eine ungeahnte Kraft. Wunderschöne Gedichte und Prosa entstanden, vieles davon in der linken Presse und beliebt bei den neuen Einwander*innen, wenn auch nicht ganz so beliebt wie das Jiddische auf den Theaterbühnen in den neuen Spielstätten in Lower Manhattan. Dort wurden jedes Wochenende Tausende von Jüdinnen*Juden mit großen und kleinen Dramen unterhalten. Nicht ganz mit der gleichen Absicht, übernahmen Zehntausende und dann Hundertausende in der ganzen Diaspora verteilt Jiddisch als moderne Sprache, als kultureller Ausdruck ihrer Jüdischkeit. Chaim Zhitlovsky, großer Intellektueller und kultureller Organisator, ein geborener Anführer der berühmten Czernowitzer Konferenz von 1908, die sich für die jiddische Sprache und Kultur aussprach, legte jüdischen Intellektuellen und anderen auf der ganzen Welt die Idee einer eigenständigen jiddisch-jüdischen Identität als unverzichtbar und zukunftsträchtig nahe.

Die Ankunft der Jüdinnen*Juden aus dem Ansiedlungsrayon nach Aufständen und Pogromen in den ersten Jahren des neuen Jahrhunderts stellte sich als maßgebend heraus. Bund-Veteran*innen und andere hielten die Fahne der Jiddischkeit so hoch, wie noch nie zuvor. Eine langwierige, komplizierte, aber bedeutsame interne kulturelle Spannung innerhalb des Ghettos entfachte den Konflikt zwischen den Neuankömmlingen aus den 1890er Jahren und den germanischen Jüdinnen*Juden der Hochkultur. Diese hatten bedeutende kulturelle Einrichtungen, darunter die *Ethical Culture Society*, gegründet, aber profitierten auch als Chef*innen der Unterdrückten. Die 1905er brachten insbesondere in New York die Stimmung der hauptsächlich proletarischen Jiddischist*innen zum Ausdruck und erweiterten und verstärkten sie.

Bund-Veteran*innen nahmen wichtige Rollen ein, zum Beispiel in den Jiddisch-Schulen des *Workmen's Circle* – wodurch eine Kontinuität von Sprachgebrauch für eine wichtige Minderheit von Jüdinnen*Juden gewährleistet war. Als sich in den 1910er Jahren in den Fabrikhallen Empörung ausbreitete, boten erstarkende Streikwellen und die Gründung neuer Gewerkschaften wie der *Amalgamated Clothing Workers* einen Nährboden für die Bemühungen von jiddischen Lehrer*innen, Chorleiter*innen sowie von Journalist*innen, Schriftsteller*innen und Dichter*innen.

Bund-Veteran*innen wirkten auf ganzer Linie als Führungskräfte, trotz der anhaltenden Unstimmigkeiten untereinander in Bezug auf die Beibehaltung von Jiddisch als wichtiger Bestandteil jüdischen Lebens. Es stellte sich die Frage, ob die Kultivierung des Jiddischen eine Brücke zur erfolgreichen Assimilierung in eine jüdische Gruppenidentität mit weitgehend sozialistischen, demokratischen Zielen für die Gesellschaft als Ganzes schlagen würde. Oder, ob es auchdarüber hinaus gehen konnte.

Der Beginn des ersten Weltkriegs und der Beitritt der USA (der dem Beitritt

Kanadas drei Jahre zuvor 1914 folgte) brachte nicht nur Wohlstand und Streiks mit sich, sondern auch weitreichende Unterdrückung und Antisemitismus. Jüdisches Leben in Nordamerika, und das Leben von Einwander*innen, schien sich im Schatten der Ereignisse im Ausland ebenfalls schlagartig zu verändern. Mit dem Fall des Zaren brach im jüdischen Ghetto New Yorks große Aufregung aus: der größte Feind der Jüdinnen*Juden war gefallen, viele konnten ihr Glück kaum glauben.

Jüdische Amerikaner*innen in der Linken spalteten sich in zwei harte Lager auf, nachdem die Bolschewiki die Macht ergriffen. Junge Militante, die die Autorität der Gewerkschaftsführer in Frage stellten, nutzen die Gelegenheit – um aus ihrer Sicht – die Russische Revolution und die Revolution gegen die Chefs zu vereinen. In den 1920ern spaltete sich in ganz Nordamerika der *Workmen's Circle*. Interne Machtkämpfe zogen sich wie ein Lauffeuer durch Jiddisch-Schulen, Chöre und Sommer-Camps, selbst dann, als der Ku Klux Klan die Regierungen mehrere US-Staaten übernahm und versuchte, die demokratische Partei neu zusammenzusetzen. Zur gleichen Zeit erreichte die Jiddische Bühne in New York und einigen anderen Städten ein Goldenes Zeitalter. Nie zuvor hatte es vergleichbare Publikumszahlen, Einkünfte oder Ansehen der Künstler*innen gegeben.

Bund-Veteran*innen waren an allen Fronten des politischen Konflikts vertreten, wobei die Mehrheit sehr wahrscheinlich die aufkommende pro-kommunistische Linke ablehnte. Andererseits war kein einziger jiddischer Chor, jiddisches Theater und auch keine*r der Dichter*innen und Romanautor*innen von ihren Erfahrungen und der Erinnerung an den Bund unberührt geblieben. Und das betraf auch die kommerziell erfolgreichen Stars des »Yiddish Broadway«. Nach 1935, als sich der kommunistische Einfluss oder die öffentliche Präsenz auf die Volksfront (gegen den Faschismus) verlagerte, griffen die konkurrierenden Sommer-Camps auf dasselbe jiddische Erbe zurück, das in nicht geringem Maße vom Bund geprägt wurde. Die kulturelle Blütezeit der 1930er und 40er Jahre, in der jüdische Einwander*innen (wenn auch oft unter nichtjüdischen Namen) in Musik, Theater und Film auftraten, spielte höchstwahrscheinlich eine entscheidende Rolle bei der Vermittlung demokratischer Werte an das jüdische und nichtjüdische Massenpublikum. Was für eine Ironie, dass das begeisterte Publikum die Identität der Macher*innen und Darsteller*innen nur erahnen konnte. Auch der Bund und sein kulturelles Erbe finden sich unter der Oberfläche der populären »Folk Music« wieder. In den Melodramen von John Garfield sowie den Komödien von Danny Kaye, die sowohl in Hollywood, der Tin Pan Alley und auf Bühnen auf der ganzen Welt getragen wurden.

Der jiddischsprachige Film, ein kleines aber wichtiges Genre, stand für ungeahnte Möglichkeiten, die sich zum gleichen Zeitpunkt abzeichneten, als das jüdische Leben in Europa der ultimativen Krise ins Auge blicken musste. Der jüdische Bund, der durch die Feindseligkeit der Bolschewiki (aber auch durch das Engagement vieler Bundist*innen für kommunistische Ziele in Russland und außerhalb) verloren hatte, erholte sich in Polen, das während der 1930er über ein großes jiddisches Potenzial verfügte. Jiddische Filme, die in Polen gedreht wurden und sich großer Beliebtheit erfreuten, sowie Bühnenauftritte der gleichen Darsteller*innen, die durch Europa und die USA tourten, eröffneten ein neues Kapitel der politischen Kraft des Bunds in den polnischen Städten. Unter anderen Umständen hätte der polnische Bund in den kommenden Jahren ein institutionelles

System aufbauen können, dass den früheren Bemühungen und Ansprüchen des Bund mehr als gerecht geworden wäre, und darüber hinaus gegangen wäre.

Leider sollte es nie dazu kommen. Ehemalige Aktivist*innen und Organisator*innen, die überlebt hatten und nach dem Kriegsende wieder zurückkehrten, fanden keine Spur mehr ihrer einst so herzlichen und unterstützenden Community.

In der Nachkriegszeit in Nordamerika fand der Bund eine neue, wenn auch begrenzte Rolle. Holocaust-Überlebende und andere, die vertrauter mit den Traditionen des Bunds waren als ihre größtenteils angepassten Freund*innen, nahmen an dem Revival der Jiddisch-Schulen, Chöre, und anderen Aktivitäten teil. Zeitgleich machten sie ihre Mittel verfügbar, um anderen Überlebenden zu helfen, die noch immer im Ausland feststeckten oder frisch angekommen waren. Der Assimilationsdruck des Kalten Krieges, die Aufkommende McCarthy-Ära, die Jüdinnen*Juden als potenzielle Staatsfeinde einstufte (in Darstellungen in Filmen und Comicbüchern), und sogar die Ausbreitung der jüdischen Bevölkerung in die Vororte, schwächten Verbindungen und weckten Zweifel über die Zukunft der säkularen jüdischen Institutionen selbst. An dieser Stelle ist wohlmöglich das Erbe des Bunds wiederzufinden, das bis ins 21. Jahrhundert reicht.

Doch es gibt noch einen weiteren Ansatz, eine lebendige, wenn auch virtuelle Identitätssuche die dank umfangreicher Forschung und der sich wandelnder Forschungs-Werkzeuge zugänglicher ist als je zuvor. Frank Wolffs umfangreiche Studie *Neue Welten in der Neuen Welt: Die transnationale Geschichte des Allgemeinen Jüdischen Arbeiterbundes 1897–1947* (2014) ist keine gewöhnliche geschichtliche Abhandlung, die Parteimitgliedschaft, Erfolge und Misserfolge nachzeichnet. Es handelt sich um eine Auseinandersetzung mit Erinnerung und wie die Bewegung damit umgeht. Der Autor prägt den Begriff »Memorik«, der bewusste Einsatz eines kollektiven Gedächtnisses. Dies war von Beginn an Teil des Bunds. Die Aufrechterhaltung der Erinnerungen ermöglicht ein gemeinschaftliches Wiederaufleben der osteuropäischen politischen Erfahrung in der jüdischen Diaspora auf der ganzen Welt, von Nordamerika über Argentinien bis Australien.

Diese Bedeutung des Bund, nicht nur als Teil der Geschichte, sondern *als Geschichte*, einer sich permanent erneuernden Geschichtserzählung, kommt der Auffassung des berühmten jiddischen Literaturkritikers B. Rivkin nahe, dass die jüdischen Feiertage, wie sie im Shtetl erlebt wurden, sozusagen »der Zeit entnommen« in eine zeitlose kollektive jüdische Bewusstwerdung übertreten. Eine kollektive Vergangenheit, wie schon viele Kritiker*innen und Philosoph*innen betont haben, liegt in uns allen verborgen und kann uns wichtige Einsichten und Stärken offenbaren. Und so können die Erinnerungen an den Bund in der jüdischen Community und weit darüber hinaus erst recht zum Leben erweckt werden.

The Workmen's Circle (in den USA zum »*Workers Circle*« umbenannt) führt heutzutage spezialisierte Aktivitäten in den Bereichen Bildung, Gemeindechor und Sommercamps innerhalb und außerhalb des Netzes offizieller jüdischer Einrichtungen durch. Unzählige Kinder, Enkel und Urenkel des Bunds, wenn auch sprachlich assimiliert, tragen die demokratischen Lehren buchstäblich weiter, wo immer sie können. In Zeiten von gefährdeten Demokratien wie unseren, ist dieses Erbe wichtiger als je zuvor.

Dieser Band reflektiert und führt, sowohl inhaltlich als auch formal, die Graphic Novel *Yiddishkeit* (2011) fort, herausgegeben von Paul Buhle und dem verstorbenen Harvey Pekar, in Zusammenarbeit mit Sharon Rudahl und vielen anderen Künstler*innen. Inhaltlich verdankt er dem dreibändigen Werk *Jews and American Popular Culture* (2007) sehr viel, welches auch von Paul Buhle herausgegeben wurde, in dessen Kuratorium zahlreiche Autor*innen und eine ganze Reihe jüdischer Wissenschaftler*innen vertreten sind.

ZUM WEITERLESEN

Jacobs, Jack. 2021. *Bundist Counter-Culture in Interwar Poland*. Syracuse: Syracuse University Press, 2021.

Jewish Labor Bund archive, YIVO Institute for Jewish Research, https://yivo.org.

Jewish Socialists Group. *The Jewish Workers' Bund – Past, Present and Future.* London, UK, 2023. https://www.jewishsocialist.org.uk.

Johnpoll, Bernard K. *The Politics of Futility: The General Jewish Workers Fund of Poland, 1917–1943*. Ithaca: Cornell University Press, 1967.

Meyers, Joshua. »The Bund by the Numbers: The Ebbs and Flows of a Jewish Radical Party«, *In Geveb*, 6. Mai 2020.

Michels, Tony. *A Fire in Their Hearts: Yiddish Socialists in New York*. Cambridge: Harvard University Press, 2005.

Wolff, Frank. *Neue Welten in der Neuen Welt: Die transnationale Geschichte des Allgemeinen Jüdischen Arbeiterbundes 1897–1947*. Industrielle Welt, Bd. 86, Köln: Böhlau Verlag, 2014.

DANKSAGUNG

Der Verlag *Between the Lines* stand uns durch den gesamten Prozess beiseite. Ohne den *Workmen's Circle/Arbeiter Ring* in Toronto, den *Bay Area Workers Circle* in den USA, dem *Democratic Socialists of American Fund* und unseren Freund Jules Bernstein, Anwalt für Arbeitsrecht und Sozialist, wäre dieses Projekt nicht zustande gekommen. Vielen Dank Euch allen!

VOTES FOR WOMEN
BITCH SISTER BITCH
§218

Kleine Geschichte des
Feminismus
§218
UNRAST

Comics bei *Unrast*

Emma

Ein anderer Blick

Feministischer Comic gegen die Zumutungen des Alltags

3. Aufl. | 224 Seiten | 22 €
ISBN 978-3-89771-330-7

»Voller Feuer, Spaß und Humor ...«
Laurie Penny

Lisa Neubauer

Simone de Beauvoir

Ein illustrierte Biografie

152 Seiten | 18 €
ISBN 978-3-89771-370-3

Ein Comic, in dem die Persönlichkeit Simone de Beauvoirs lebendig wird

Janet Biehl

Reise nach Rojava

Eine Comic-Reportage

256 Seiten | 19,80 €
ISBN 978-3-89771-185-3

Kampf gegen den IS, Revolution in Rojava – eine gezeichnete Reportage

Laura Harvey, Sarah Leaney & Danny Noble

Klasse

Eine illustriertes Handbuch

184 Seiten | 18 Euro
ISBN 978-3-89771-361-1

Jules Scheele & Meg-John Barker

Sexualität

Ein illustrierter Leitfaden

176 Seiten | 18 Euro
ISBN 978-3-89771-346-8

Jules Scheele & Meg-John Barker

Queer

Eine illustrierte Geschichte

3. Aufl. | 184 Seiten | 16,80 Euro
ISBN 978-3-89771-311-6